JN270804

経営戦略入門講座

柴田 高 著

日科技連

推薦のことば

　柴田さんの最新の著書『経営戦略入門講座』は，ちょっと変わった著者の経歴を反映している点で，読者の期待に十分に応えています．著者は，技術者として電機メーカーに勤め，戦略策定要員に異動してから，社会人大学院で経営戦略を学びました．その勉強ぶりが，学会の先生方に認められて，大学の教員としてスカウトされました．

　柴田さんが勉強を始めた頃は，ちょうどハイテク産業が戦略論の中心になった頃で，世の中では電卓戦争など技術の進歩の速さに驚いたり，ビデオ・テープ・レコーダーでベータマックス対 VHS の標準争いの対決があったり，今までにはなかった新しい戦略論が話題になり始めた頃でした．この本には，それから 20 年間に，経営戦略の分野で話題になったテーマが，ほとんど漏れなく解説されています．その意味で，この本は，情報化時代のハイテク産業の経営戦略を主たるテーマとしています．経営学の分野で今までになかった，新しい感覚で書かれたテキストのはしりとも言うべきものです．また，これはメーカーの戦略策定要員であったという著者の立場を反映して，マーケティングの視点が存分にとり入れられている点でもユニークです．この点でも，単なる教科書を超えて，実践的に役立つ解説書になっています．

　この本の良い意味での特徴を羅列し始めると切りがないかもしれませんが，もう少し続けさせて頂きます．この本には，著者が技術者出身であるだけに，例えばレーザープリンターの解説など，必要に応じて技術の解説が簡潔に挿入されています．この点でも，この種の教科書としてはユニークです．

　他の経営戦略の教科書に比べると，説明が極めて具体的であることも，この本の長所となっています．例えば，企業文化の解説で，ホンダと松下を実際に即して活き活きと比較していることなど，この著者ならではのものです．

この著者は，もちろん日頃から大学の教師として，若い学生と接触しているのでしょう．それが反映しているのは，若い人々の間での話題になっていることを，事例として説明していることです．おそらく，宇多田ヒカルと倉木麻衣の比較で説明されていることは，年寄りにはわからなくても，若い人々には，活き活きと感じられるのでしょう．

　ただひとつ，柴田さんと日常接している私にとって物足りなかったのは，新しい話題とその研究を，柴田さんはもっと沢山持っているのに，それがこの本では出し惜しみされていることです．例えば，ゲーム産業とかカラオケ産業の分析など，柴田さんの得意とするところのはずです．そのような新しい産業の経営戦略にも，戦略論の動向を暗示する現象があるという事を，私は日頃の柴田さんとの会話を通じて学んでいます．そうしたことが，この本にはまだ出てきていないことは，恐らく柴田さんがもっと大きな本格的研究書を近く出そうとしておられるのかなと，想像させます．

2004年2月21日

東京経済大学　経営学部

教授　土　屋　守　章

まえがき

「戦略」という言葉から，みなさんは何を連想されるでしょうか？『三国志演義』に出てくる諸葛孔明のように，『孫子』の兵法をもとに常人には思いもつかない奇策を用いて，味方を大勝利に導く天才的な軍事作戦を思うかもしれません．あるいは，最初から採算の取れない価格の商品の発売を，企業のトップに無理矢理認めさせるために，「これはきわめて戦略的な値付けですから」と言い訳をする口実に「戦略」という言葉を使うような場面を想像されるかもしれません．

たしかに，何か非論理的な感性・ひらめきによって将来を占う，予知能力に近いものも戦略の1つの側面を示しているかもしれません．しかし，私たちが研究対象とする企業組織の経営戦略は，そのような天才性とは無縁の存在です．いわば，ごく普通の能力を持つ人間が論理的な思考を積み重ねていった結果として体系化された，企業経営の指針というべきものです．

私は20年間電機メーカーに勤務して，本社スタッフ部門の「R&D戦略」とか「経営企画管理」などという名前のついた部署にも何年か在籍し，1998年に大学の教員に転職しました．その間，否応なく「企業の戦略とはいったい何なのか？」と考えさせられてきました．しかし，会社勤めの経験のない若い学生に企業経営を教えるというのは，なかなか骨の折れる仕事です．特に戦略というと，どこか胡散臭さがつきまとい，どうしても抽象的・観念的な想像の域を出ないものになりがちです．

本書『経営戦略入門講座』は，日本科学技術連盟の発行する『クオリティマネジメント』誌の2002年1月号から2003年1月号まで13回にわたり連載してきたものがもとになっており，今回，単行本化するにあたり最小限の加筆・修正のみを行いました．そもそも，私としては雑誌の連載記事という性格から，

ビジネスマンが会社の行き帰りの電車の中ででも気軽に読めるような，肩の凝らない柔らかいエッセイというスタイルで，一緒に経営戦略を考えてみようと書きはじめたつもりです．

　ところが，同誌に掲載の数多くのまじめな研究論文を差し置いて，図らずも私の連載が2003年度の「クオリティマネジメント賞」を受賞するというたいへんな栄誉をいただくことになりました．正直なところ，書いた私自身が一番驚いているような次第ですが，多くの読者のみなさまのご支持をいただいたのは，私自身の経験をもとに，抽象的・観念的な論議に陥りやすい経営戦略論の諸概念を，なるべく実際の企業行動に即して整理したと同時に，従来からの経営戦略論の胡散臭いところは胡散臭い，議論がまとまっていない部分はまとまっていないと，正直に書いているところを評価していただけたのではないかと思っています．

　本書は，経営戦略についてこれから勉強してみたいという，若手から中堅にかけてのビジネスマン，あるいは経済・経営学系の学部に学ぶ大学生を主な読者対象として，経営戦略論の代表的な学説やツールを紹介しています．そのため，各章の最後に演習問題をつけて，内容の整理と，それを応用して調査・分析を行いやすい対象を示しています．

　本書の単行本化にあたっては，私が会社員から大学の教員に転身するきっかけをつくっていただくと同時に，日頃から敬愛してやまない東京経済大学経営学部教授（東京大学名誉教授）の土屋守章先生より「推薦のことば」を頂戴し，心より感謝致しております．

　本書が，経営戦略論について読者のみなさんの考えるきっかけづくりになれば，著者としてこれほどうれしいことはありません．

2004年1月23日

東京経済大学　経営学部

教授　柴　田　　高

目　　次

推薦のことば ……………………………………………… 土屋守章 … iii
まえがき ……………………………………………………………… v

第 1 章　戦略とは何か？ ………………………………………… 1
　1.1　軍事戦略から経営戦略へ　1
　1.2　経営戦略論研究の曙──チャンドラーとアンゾフ　4
　1.3　テクノクラートとビジネススクール　6
　1.4　経営戦略論の大スター，M. ポーター　7
　1.5　今日の経営戦略論研究　8
　1.6　「良い会社」とは？　9
　［演習問題］　10

第 2 章　経営戦略の階層化 ……………………………………… 11
　2.1　企業の成長と分業　11
　2.2　経営戦略のサブセット化　13
　2.3　企業戦略とは　14
　2.4　事業戦略とは　16
　2.5　職能別戦略や地域戦略　19
　2.6　戦略形成プロセス　21
　［演習問題］　22

第 3 章　わが社の事業は何か？ ………………………………… 23
　3.1　経営理念とビジョン　23

3.2 ドメインとは　25
3.3 企業ドメインとは　26
3.4 事業ドメインとは　28
3.5 ドメインとコーポレート・アイデンティティ　29
3.6 ドメインのあるべき姿　30
3.7 物理的定義と機能的定義　31
3.8 企業成長とドメインの変化　34
3.9 ドメインから経営構想へ　35
[演習問題]　36

第4章　戦略と企業行動の環境適応　37

4.1 経営資源とは　37
4.2 経営環境とは　38
4.3 戦略の基本はSWOT分析から　39
4.4 強みや機会は主観的なもの　40
4.5 弱みを強みに変える　42
4.6 環境適合と環境適応　43
4.7 ヘンリー・フォードの誤算　44
4.8 普遍的な戦略は存在しない　47
4.9 環境適応への基本的な考え方　48
[演習問題]　48

第5章　競争の規定要因と経験曲線効果　49

5.1 競争の規定要因　49
5.2 業界の平均利益率　52
5.3 戦略グループと移動障壁　53
5.4 規模の経済と経験曲線効果　54
5.5 経験曲線効果の定式化　56

5.6　経験曲線効果と競争地位　　58
［演習問題］　60

第6章　製品ライフサイクルと顧客の分析 ……………………61
6.1　製品ライフサイクルの区分法　　61
6.2　製品ライフサイクルの時間軸　　63
6.3　顧客の時系列的分析　　65
6.4　モデルの意味と精緻化　　67
6.5　顧客のセグメンテーション　　68
6.6　セグメンテーションの基準軸　　71
6.7　ターゲット・カスタマの絞り込み　　73
［演習問題］　74

第7章　事業展開の仕組み ……………………………………75
7.1　持続的な競争優位　　75
7.2　事業展開の仕組みの違い　　77
7.3　ビジネスのモデル化　　79
7.4　ビジネスモデル特許　　81
7.5　顧客に価値を届ける仕組み　　82
7.6　サプライチェーンマネジメント　　84
［演習問題］　87

第8章　競争地位の逆転劇 ……………………………………89
8.1　製品技術の世代交代　　89
8.2　ビデオ戦争とVHSの優位　　91
8.3　IBM-PCからWintelへ　　93
8.4　デファクト・スタンダードへの2つのアプローチ　　95
8.5　顧客の選好とネットワーク外部性　　96

8.6　成熟化をどのように乗り越えるか　97
8.7　反復購入型消耗品との補完関係　99
8.8　顧客の囲い込みと付加価値　100
[演習問題]　102

第9章　プロセス型戦略論とコア・コンピタンス　103

9.1　マーケット・ポジショニング・ビューとリソース・ベースド・ビュー　103
9.2　分析型戦略論の限界　105
9.3　プロセス型戦略論の台頭　106
9.4　情報的経営資源と組織能力　108
9.5　コア・コンピタンス　109
9.6　キヤノンに見るコア・コンピタンスの蓄積　110
9.7　コア・コンピタンスを活用した複写機事業　111
9.8　コア・コンピタンスのさらなる展開　113
9.9　コア・コンピタンスの論議の限界　115
[演習問題]　116

第10章　新規事業と多角化戦略　117

10.1　企業戦略とは　117
10.2　なぜ新規事業が必要か　118
10.3　事業の多角化　119
10.4　関連多角化と非関連多角化　120
10.5　シナジー効果　121
10.6　ダイナミック・シナジー　122
10.7　多角化のタイプ分けの基準　123
10.8　多角化の8つのタイプ　124
10.9　多角化のタイプと業績　127
[演習問題]　128

第 11 章　事業管理手法の発達 ……………………………………… 129
　11.1　市場の成熟度とキャッシュフロー　130
　11.2　多角化と成長—シェア・マトリクス　133
　11.3　PPM の光と陰　134
　［演習問題］　136

第 12 章　組織は戦略に従う ………………………………………… 137
　12.1　大企業誕生への 3 つの道筋　137
　12.2　フォード社の職能別組織とゼネラル・モーターズの事業部制　139
　12.3　デュポンの製品別事業部制　142
　12.4　持株会社とコングロマリットの登場　144
　12.5　社内ベンチャー　146
　12.6　カンパニー制と事業部制　147
　［演習問題］　148

第 13 章　戦略は組織に従うのか？ ………………………………… 149
　13.1　戦略と組織　149
　13.2　組織文化とは？　151
　13.3　松下電器産業と本田技研工業の交流研修　152
　13.4　機械的組織と有機的組織　155
　13.5　アサヒビールの組織革新　157
　13.6　戦略と組織の革新プロセス　159
　13.7　革新は辺境から起きる　161
　［演習問題］　162

あとがき ……………………………………………………………………… 163
参　考　文　献 ……………………………………………………………… 165
索　　　　引 ………………………………………………………………… 169

第 1 章　戦略とは何か？

1.1　軍事戦略から経営戦略へ

　「戦略（Strategy）」という言葉は，「将軍の術」を意味するギリシャ語の「strategos」に由来しています．そのためか「戦略」の研究というと，どうも軍国主義者の仕事のように思われがちです．日本の経営戦略論研究の第一人者である一橋大学の野中郁次郎教授でさえ，「戦略を調べていますというだけで，"あっ，右翼だ"といわれるんだなあ…」と述懐されています．もっとも，戦略の本質であるイノベーション，つまり「革新」について研究しているというと，今度は正反対に「あいつは左翼だ」ともいわれるのですが…．

　たしかに，歴史的には軍事戦略の分析からはじまった研究成果を企業経営の場に応用して発展してきた分野であるため，経営戦略の世界にも，軍事用語から転用された概念がいくつも登場してきます．あるいは「競争優位の確立」という目的から，相手の裏をかき，出し抜いて，自分だけが利益を独占しようという，いささか反道徳的な覇権主義的傾向を感じさせるのかもしれません．日本人が戦略オンチと評されるのも（なにしろ「戦争」の「戦」に，「侵略」の「略」ですから），やはり軍国主義的な話題に対する嫌悪感がもとになっているのではないでしょうか？

　戦略あるいは戦術という言葉は，もともと軍事用語です．古典的な兵学を戦略と戦術（Tactics）と兵站（Logistics）の3分野に体系化したのは，プロイセンの軍事思想家，クラウゼヴィッツ（Carl von Clausewitz, 1780〜1831）で

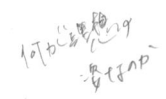

あると考えられます．彼はプロイセン陸軍士官学校の校長もつとめ，多くの文章を遺しました．それらが，没後全10巻の著作集として刊行され，3巻の『戦争論』がたいへん有名になりました．ここで述べられている戦略とは，長期的・全体的展望に立ち，闘争全体を総合的に考え，利用可能なあらゆる資源を用いて，各種の準備・計画・運用を行う方法をさします．また，戦術とは戦略の下位にあって，個々の具体的な戦闘における戦闘力の使用法，戦闘実行上の方策をさします．

このように，戦略と戦術の概念は階層的にはっきりと分かれており，上位にある戦略の正しさがきわめて重要とされています．俗に，「戦術の失敗は戦略で取り返せるが，戦略の失敗は戦術では取り返せない」といわれます．クラウゼヴィッツ流の戦略観は，19世紀後半から20世紀にかけて世界中の軍人や政治家，とりわけレーニンや毛沢東のような社会主義革命の指導者に大きな影響を与えています．戦争の概念が軍人だけの局地戦から，国民全体に関わる総力戦に拡大するに従って，戦略の重要性が認識されてきたということでしょう．

戦争の時代に科学技術が進歩するというのは，不幸な現実でもあります．たとえば，イギリスの航空工学のエンジニアであったランチェスター（F. W. Lanchester, 1868～1946）は，空気力学の研究でも有名ですが，同時に彼の見出した「ランチェスターの法則」で，今日の経営戦略や経営工学の分野に大きな影響を与えています．彼は，第一次世界大戦で，自らが手掛けた飛行機が実戦に使われたのを見て，戦争や戦闘に強い関心を持ち，空中戦のシミュレーションにより，戦闘における2つの法則を発見しました．

簡単にまとめると，第1の法則は一騎打ちのような局地戦の場合の法則であり，武器の性能比が同じであれば，敵味方の初期兵力の差がそのまま味方の残存兵力数になり，勝負が決まってしまうというものです．

これに対して第2の法則は，多数対多数の広域戦の場合の法則であり，武器の性能が同じであれば，戦闘力は敵味方の兵力数の二乗に比例した違いとなり，一騎打ちの場合より格段に差が広がる，というものです．これらの研究の成果は1916年に著した『戦争と飛行機——第四の武器の曙』にまとめられていま

す.

　ランチェスターの法則に最初に着目したのは，第二次世界大戦を迎えたときのアメリカの数学者たちでした．軍事研究を行うための組織 NDRC（National Defense Research Committee）の援助のもとで活躍していた，オペレーションズ・リサーチ（OR）・チームのメンバーたちです．戦闘シミュレーションだけでなく，補給の概念を取り入れて精緻化した「ランチェスター戦略モデル式」がつくられました．つまり，強者の戦略としては，広域的な総合戦を選び，集団型の戦闘方式により圧倒的な物量・兵力数で短期決戦をねらうことがあげられ，他方弱者の戦略としては，狭い範囲の局地戦を選び，相手の手薄なところに一点集中の接近戦を仕掛け，限定的に兵力優勢な状況を次々とつくり出し続けることがあげられます．第二次世界大戦後期において，アメリカ軍は，中部太平洋戦線でこの強者の戦略と弱者の戦略を巧みに使い分けて，多大な成果を収めたといわれています．

　第二次世界大戦後，オペレーションズ・リサーチ，あるいは軍需産業における品質管理（QC）の手法などを体得した人間の多くが，民間企業に身を置くようになりました．企業経営をこのような観点から見直すことで能率を改善し，より合理的に任務遂行することを目指したため，戦後，これらは民間分野を対象として大きく発展しました．特に，戦略の概念が企業経営の場に広く用いられるようになってきたのは，1960年代のアメリカからであるといえるでしょう．いわゆるアメリカ経営学の台頭です．

　アメリカ経営学は，経営の現場，実践の中から生まれてきたため，プラグマティズムの性格を持っています．企業経営の場での戦略とは，企業の主要な競争相手を見定め，自社の経営資源の配分を決定し，中長期的な経営方針を策定することをいいます．

　これ以前に，中長期的な経営方針や展望を考えることは，経営計画とか経営政策という名前で呼ばれていました．しかし，競争を強く意識して優位の確立を目的とした結果，戦略という用語が最適と考えたのでしょう．ただし，軍事戦略と経営戦略の間には大きな違いがあります．戦争は異例のことで，短期間

に終わらせることを最優先させますが，企業活動は日常的な営みであり，永続させることに意義があります．

また，紀元前4世紀ごろに中国で書かれた兵学書『孫子』の中の「兵は詭道なり」という言葉が示すように，戦争は手段を選びませんが，企業活動は社会ルールの下の「正道」です．さらに，戦争には明確な敵があり，対峙して打破するのに対して，企業活動では直接対峙するのが「敵」ではなく取引相手であり，競合する企業同士が対峙するわけではありません．

企業経営を戦略という概念でとらえると，戦略の下位にある戦術とは，戦略に基づいて企業の経営目的を達成するために取られる具体的な手段・方法をさすことになるはずです．しかし，「経営戦略」という言葉が氾濫しているのに対して，「経営戦術」という言葉はおよそ聞いたことがありません．それどころか，多くの事業を抱える多角化企業では，それぞれの事業ごとに「事業戦略」があり，さらに研究開発や製造，営業などの職能ごとに「技術戦略」とか，「生産戦略」，「販売戦略」などがあり，地域ごとに細分化されて，「××事業の北米マーケティング戦略」などの言葉を平気で使います．戦略オンチのはずの日本人は，実は「戦略大好き民族」なのかもしれません（？）．

つまり，企業経営における戦略と戦術は相対的な対比にすぎず，軍事の場合と異なり，両者の境界はあいまいなのです．多角化した企業では，全社戦略から見て，特定事業部の製品を特定地域に販売する際のマーケティング戦略はきわめて個別的，具体的で戦術的色彩を強く感じますが，実際に担当する部門にとっては，十分に戦略性を持っていると見ることもできます．

1.2　経営戦略論研究の曙 ── チャンドラーとアンゾフ

1960年代の経営戦略研究で特に有名なものは，チャンドラー（A. D. Chandler Jr.）とアンゾフ（H. I. Ansoff,「アンソフ」と表記する場合も多い）の2人でしょう．

チャンドラーは1962年に著した『経営戦略と組織』の中で，19世紀末から

のアメリカ大企業の発展史を詳細に分析して,「組織は戦略に従う」という命題を示しました.チャンドラーのいう戦略とは,「企業の基本的な長期目標や目的を決定し,これらの諸目標を遂行するために必要な行動のコースを採択し,諸資源を割り当てること」をさします.そのため,企業は環境変化がもたらす問題や事業機会を察知すると,それに適応するために新しい戦略を採用しますが,その新しい戦略が既存の組織構造と適合しなければ,問題解決のために新しい組織構造を採用するというものです.

　第 12 章で述べるように,チャンドラーは,ゼネラル・モーターズやデュポンなどが新規事業を推進する多角化戦略を採用して,組織構造を職能別組織から事業部制組織に変革するプロセスで,この命題を検証しています.

　一方,アンゾフは 1965 年に著した『企業戦略論』の中で,製品および市場という限定された領域において戦略を扱い,実践的な立場から理論を組み立てようと試みました.この本が最初の体系的な経営戦略論の著作といわれる所以です.アンゾフは,企業の意思決定を,戦略的意思決定,管理的意思決定,業務的意思決定の 3 つの階層に分け,このうちの戦略的意思決定を,企業全体を外部環境の変化に適応させるための意思決定としています.

　戦略的意思決定とは,事業領域の選択という全社的な企業戦略を決定することにあたります.そのため,アンゾフの関心は「経営戦略」よりもむしろ「戦略経営」の方にあると思われます.

　また,アンゾフは,戦略を「部分的無知の状態のもとでの意思決定のためのルール」と考え,戦略を構成する要素を,

① 製品市場分野
② 成長ベクトル
③ 競争上の利点
④ シナジー（相乗効果）

の 4 つに分けて論じています.要約すると,企業が売上を伸ばし,成長していくための方向性を「成長ベクトル」という言葉で表し,製品と市場について,それぞれ現在のものと新しいものに分けて,その 4 通りの組み合わせに対応し

て，経営戦略の展開エリアを，市場浸透戦略，新製品開発戦略，新市場開拓戦略，多角化戦略にパターン化しています．

この場合，競争優位を確立するには，自らの利点を明確にするばかりでなく，現在の事業との間のシナジーをいかに発揮させるかが重要であると論じています．それぞれの企業がどのような分野に多角化し，新規事業を展開できるかは，その企業がこれまで持ってきた組織の慣性により，大きく異なることになります．新しい戦略の実行のためには，組織能力の向上と不断の組織学習とが必要となるのです．そのため，アンゾフはチャンドラーとは逆に，「戦略は組織に従う」という命題を提示しています．

1.3 テクノクラートとビジネススクール

1960年代は，アメリカ企業にとって多角化の時代だったといえます．社会の安定化に伴い，既存事業が堅調ではあっても，成長率という点では低下してきたために，より成長性の高い分野に新規事業を展開することが求められました．そのため，チャンドラーやアンゾフの関心の中心も，全社的立場からの多角化戦略にあったわけです．

1970年代に入ると，多角化戦略の結果，生まれてきた数多くの事業を全社的立場からどのように管理するか，特に限りある経営資源をどのように配分すべきかの指針が必要となってきました．この時代に盛んとなったものが，第11章で説明する，ボストン・コンサルティング・グループの開発したプロダクト・ポートフォリオ・マネジメント（PPM）の手法です．

PPMは，市場成長率と相対的マーケット・シェアという2つの次元で構成されたマトリクス上に，多角化した事業群をマッピングして，これをもとにキャッシュフローのバランスを取りながら，長期的に安定した経営を目指すものです．

1970年代には，アメリカでビジネススクールの設立件数が急増しています．その理由は，ベトナム戦争からの帰還兵に国費で職場復帰トレーニングを行う

必要があったためです．にもかかわらず，ビジネススクールの卒業生であるMBA（経営学修士）の需要が，供給を上回っていたといわれます．これは世界経済の拡大により，大企業を中心として中間管理職のポストが増加したため，コンピュータが操作でき，科学的に問題解決ができる人材が大量に必要になったからです．

　ビジネススクールでPPMなど当時の最新の手法を学んだMBAが大量に養成され，企業の幹部として送り込まれていった結果，当時のMBAのイメージは，企業の中枢に座り，多角化した事業群の現場も知らずに，収益性などの数字だけを見て，いたってドライに意思決定するテクノクラートというものでした．あまりよい印象とはいえないわけで，これがいまだに尾を引いている部分があります．

1.4　経営戦略論の大スター，M. ポーター

　1980年に，経営戦略論の分野で大スターが誕生しました．ハーバード・ビジネススクールで史上最年少教授となった，ポーター（M. Porter）です．1970年代末から，経営戦略研究の対象を企業全体の多角化戦略から個別の事業に転換した，競争戦略論（Competitive Strategy）の確立を志向する動きが顕著になってきました．ポーターはこの競争戦略論研究の第一人者であり，彼が1980年に著した『競争の戦略』と，1985年に著した『競争優位の戦略』は，ともに経営書の分野で世界的なベストセラーになりました．

　第5章にまとめた通り，ポーターの経営戦略論の特徴は，産業組織論の成果を援用して市場構造を重視している点にあります．産業組織論の「構造－行動－成果」パラダイム，つまり産業間には，市場構造の違いにより資本利益率に格差があり，その構造の中で企業が特徴的な行動を取れば，それに応じた成果がもたらされる，という大前提にもとづいて論議を行っています．そのため，企業は広い市場の中から，自社にとって都合のよいポジションを見出す必要があります．このような考え方を，マーケット・ポジショニング・ビュー（Market

Positioning View）といいます．

また，ポーターの競争戦略論には，戦略の基本類型化や，戦略グループ，価値連鎖など，今日の経営戦略論研究で広く用いられる概念が数多く登場します．ポーター流の戦略論は，数多くの事例をもとにした，わかりやすくシャープな論議が特徴で，賛成するにせよ，反対するにせよ，これ以降の経営戦略論研究に多大な影響を与えています．今日的な経営戦略論の論議は，ポーターからはじまったといっても，過言ではないでしょう．

1.5　今日の経営戦略論研究

これまでの経営戦略の概念は，さまざまな視点から論議されてきましたが，ミンツバーグ（H. Mintzberg）の論文「Five Ps for Strategy」によれば，それらの概念は英語でPの頭文字のついた以下の5つの類型に整理されます．

第1に「計画（Plan）」としての戦略であり，目標を達成するための行為のコースや行動指針を意味します．アンゾフたちの論議は，この点を重視していたわけです．

第2に「策略（Ploy）」としての経営戦略であり，競合企業より優位に立つための具体的な計略を示します．これが孫子や諸葛孔明の時代からの軍略にあたります．

第3に，環境の中での「位置（Position）」を規定する戦略であり，経営資源・スキルと，機会・リスクならびに組織目標との適合を重視します．いわゆるマーケット・ポジショニング・ビューの考え方が代表的なものです．

第4に，「パターン（Pattern）」としての戦略であり，一連の意思決定や行為の流れ，プロセスに見られる整合性に注目するものです．これは1970年代末から，ポーターらのマーケット・ポジショニング・ビューとは別の流れとして登場してきました．経営戦略を組織全体のコンテクストの中でとらえ，企業と環境の相互作用や，企業内のダイナミックな変化の結果として生じるパターンとしてとらえようとするものです．プロセス型戦略とも呼ばれます．この場

合重視されるのは，組織内に中長期的に蓄積される知識や能力とその組織学習という情報的経営資源です．これらの考え方は，リソース・ベースド・ビュー（Resource-based View）とも呼ばれます．この流れは1990年代に入ると，第9章で述べるハメルとプラハラド（G. Hamel & C. K. Praharad）の『コア・コンピタンス経営』に代表される，コア・コンピタンス（中核能力）論へと発展していきます．これは終身雇用制を前提に，中長期的な経営資源の蓄積をきわめて重視する日本の経営者には，たいへん好まれる考え方であるともいえます．

第5に，「視野（Perspective）」としての戦略であり，将来に向けてのビジョンやグランドデザインに相当する概念です．企業の中長期的な到達目標としての，「かくありたい」という姿を重視して，それまでのギャップと到達経路を探索するものです．これらについては，今後の各章の中で幅広くご紹介していきたいと思います．

1.6 「良い会社」とは？

経営戦略の究極の目標は，一言でいえば「良い会社」を実現することにあります．ところが，「良い会社」の意味するところは，人によって大きく異なります．会社を取り巻き，係わり合いを持つ人たちをステークホルダー（Stakeholder）といいますが，株主，従業員，労働組合，消費者，債権者，仕入先企業，納入先企業，同業他社，地域社会など，それぞれの立場によって「良い会社」の定義は変わってくるでしょう．つまり「会社は誰のものか？」という論議をはっきりさせないと，「良い会社」の尺度が定まらないのです．これは，コーポレート・ガバナンス（Corporate Governance）の問題となります．市場に流通する株式を通じて，多数の株主から資本金を集める株式会社制の大企業では，所有と経営の分離が進んでいます．

アメリカでは，1960年代末に経営者支配の時代が終わり，所有者である株主の発言力が増しているといわれています．近年は，特に年金基金などの大口株

主が，経営に影響力を及ぼすケースが増えています．そのため，経営者は株主に対して，企業の価値を高めることが求められます．不採算部門の廃止や売却も多く，従業員も会社とは対等のパートナーシップで契約している，という意識が進んでおり，雇用流動性が高く，帰属意識も薄いようです．つまり，「会社は株主のものである」，「株主にとって魅力的な価値のある会社が良い会社である」という認識が進んでいるわけです．

これに対して日本の企業は，代表取締役の社長や会長などの経営者が実質的に支配を保持することが多かったといえます．また，その代表取締役の多くが，終身雇用制を前提とした社内選抜システムで昇進しており，従業員も人生の大半をその企業に捧げているため，「会社は従業員のものである」という認識が一般化しています．不況になっても，経営者はまず「雇用を守る」ことを第一に考えるものです．さらに，これまでは系列企業間の株式の持ち合いやメインバンクなど，経営者に敵対的ではない「安定株主」が中心であることから，株主の利益にそれほどの注意を払う必要がなかったともいえます．

「会社は株主のものである」という言葉を聞くと，「単にお金を出しただけで，配当という不労所得を得ている者のものなのか？　価値を高めているのは，額に汗して働く従業員の努力ではないか！」と，反発を感じる向きも多いのではないでしょうか．しかし，資金調達の国際化につれて，日本でも株主に対する説明責任が求められるようになりました．日本企業も変化しつつあります．

【演習問題】

① 軍事戦略と経営戦略の考え方の共通点，および異なる点をあげなさい．

② チャンドラーとアンゾフの経営戦略に対する考え方の違いを説明しなさい．

③ ミンツバーグの経営戦略論の5つの類型をまとめて説明しなさい．

第2章　経営戦略の階層化

2.1　企業の成長と分業

　およそ企業というものは，右肩上がりに売上が増え続けていくことを期待されています．あるいは昨年よりも今年，今年よりも来年と売上増を実現し，常に成長していないと，すべての機能がうまく働かなくなるという宿命を負っているともいえます．あたかも止まると倒れてしまう自転車のような存在かもしれません．今日，世界の有名企業といわれる大企業も（ごく一部の国策会社を別とすれば），創業当時は小さな会社に過ぎませんでした．トヨタやホンダ，松下電器やソニーも，いずれも小さなベンチャー企業からスタートしているのです．

　会社の規模が小さいうちは，事業や製品も単一種類で，トップマネジメントが会社のすみずみまで仕事の内容を把握することができ，いわば企業の戦略イコール事業の戦略であり，ほとんどの場合，それが同時に製品の戦略でもあったわけです．しかし，事業が順調に成長し，売上が伸び，従業員も増え，製品の種類も多様化してくるにつれて，トップマネジメントがすべてを把握すること自体困難になってきます．そこで何らかの基準で仕事と組織を分け，それぞれに責任者を置き，階層的に管理する方法が採られます．いわゆる分業と部門化のはじまりです．

　仕事を順次，より小さな職務に分割し，多くの従業員にそれぞれ割りあてる分業（Division of Labor）というシステムによって，企業の生産性が飛躍的に

向上することは，かなり古くから経験的に知られていたようです．1776年に書かれたアダム・スミス（Adam Smith）の『諸国民の富』，いわゆる「国富論」の中でも，ピンの製造を1人で行うと1日に1本を作るのもおぼつかなく，熟練した職人でも20本がせいぜいであるのに，18種類の作業に分けて分業制にしたところ，1日に1人あたり4,800本の製造が可能となり，大幅に生産性が向上したと分業の効用が述べられています．分業による仕事の単純化と専門化によって，人員の配置と訓練が容易となり，学習効果が促進されるわけです．

次に，その分割された仕事を，類似性に注目して一定の基準に従って部や課の組織単位に束ねることを部門化（Departmentation）といいます．もっとも古典的な部門化の基準は，製造や販売，経理などの仕事の種類，つまり職能に応じて組織単位を作るものです．今日では部門化の基準として，工程，製品，地域，顧客などさまざまなものがあり，それぞれの企業の考え方に従って組織構造がつくられます．つまり，たとえばトップマネジメント層のすぐ下の階層が，研究開発や製造，営業，経理などの職能ごとに分かれていれば「職能別（機能別）組織構造」といい，トップマネジメント層のすぐ下の階層で製品ごとの事業分野で分かれ，さらにその下で職能別に分かれるような組織は「製品別事業部制組織構造」と呼ばれます．

このようにして分業と部門化を進めても，1つの事業や製品分野が永遠に成長し続けるということはありません．時間の経過とともに売上の伸びが鈍る成熟期となり，さらには売上の減少する衰退期を迎える宿命にあります．これは製品ライフサイクル（Product Lifecycle）と呼ばれます．そのため企業は「本業」となる事業の成熟化に備えて，より成長性の高い分野に新規事業を開拓する「脱成熟化（De-maturation）」を図らなければなりません．

つまり，企業が大きくなるということは，分業と部門化を進め，さらに次々と新規事業を立ち上げていくことでもあるのです．分業と部門化の利点は，第1に従業員が特定の仕事に特化することで，仕事上の専門知識を蓄積しやすく，熟練度も高まることであり，第2に組織単位ごとに1人の管理者・責任者を置くことで，トップマネジメントからの指揮命令系統を明確にして，権限委譲を

進められることにあります．

したがって，トップマネジメントとそれを支援する経営管理スタッフ（いわゆる本社スタッフ）部門は，企業全般にわたる広範な問題を取り扱い，それ以外の部門のメンバーの仕事は，職能別なり事業別なりに分かれた企業活動のサブセットを取り扱うことになります．

2.2 経営戦略のサブセット化

第1章で説明したとおり，経営戦略とは，主要な競争相手を見定め，自社の経営資源の配分を決定し，中長期的な経営方針を策定することをいいます．しかし，たとえば「主要な競争相手」というものは全社的に同一とはかぎりません．

「ソニーと松下電器産業は互いにライバルである」とよくいわれます．ソニー社内には「BMW（Beat Matsushita Whatever）」という言葉があり，松下社内には「BS（Beat Sony）」とか「対ソ戦」という言葉があるともいわれています．たしかにビデオとかオーディオ機器の分野で両社は真正面からぶつかり合い，また1990年前後に競い合うようにアメリカの映画会社の企業買収に走ったわけです．

しかし，両社の事業分野・製品分野は，すべてが重なり合っているわけではありません．電気釜やアイロンのような，いわゆる「白モノ家電」の分野の製品群は松下の得意とするものですが，ソニーには存在しません（ソニーは創業期に電気釜の試作品を作ってみたり，20年以上前に一時期だけ白モノを手がけてはいるのですが，少なくとも現在は扱っていません）．おそらく松下の電化・住設社にあるアイロン事業部や炊飯機器事業部では，ソニーを仮想敵とは見ていないでしょう．むしろ日立や東芝などを「主要な競争相手」と認識しているはずです．同様に，ホンダの二輪車部門ではヤマハやカワサキを「主要な競争相手」と認識してはいても，トヨタや日産を相手とは考えていないでしょう．

このように，部門の数が増え，仕事が多岐にわたってくると，各部門のメンバーにとっての仕事が企業活動のサブセットとなるように，全社レベルの「戦略」を部門ごとに適用する段階で微妙な変化が生じ，部門ごとに「戦略のサブセット」が存在します．

つまり，部門化により業務が階層的に分かれていくのに対応して，経営戦略も，全社的見地から企業全体の方向性を考える企業戦略（Corporate Strategy）と，各事業ごとに焦点をあてて戦略を考える事業戦略（Business Strategy），さらに職能ごとにまとめられた職能別戦略（Functional Strategy），あるいは事業を展開する地域ごとに分けた地域戦略（Area Strategy）などに分かれ，階層構造ないしマトリクス構造を形成することになります．

2.3 企業戦略とは

企業戦略は，経営戦略の階層構造の中で最上位に位置して，企業全体を対象とする戦略をさします．全社戦略という場合もあります．企業戦略とは，言い換えれば最高経営責任者（CEO）の下す意思決定の指針となるものです．

企業戦略の課題は，環境変化に適応して，企業の事業構造を変革し，ヒト・モノ・カネ・情報など企業活動に必要な経営資源の獲得・蓄積・配分を行うことにあります．事業構造の変革とは，既存事業の再編成や効率化と，新規事業の開発，事業多角化が中心となります．そのため，企業戦略のことを多角化戦略（Diversification Strategy）という場合もあります．

ただ，「多角化」という言葉を聞くと，「多角化なんて，経営資源の豊富な大企業が余剰の資金や人材を活用するために，他の分野に進出することでしょう？　うちみたいに自転車操業の中小企業にはとても，とても…」という反応が返ってくるかもしれません．しかし，前述のように「本業」と呼ばれる事業もいつかは成熟期や衰退期にさしかかるわけで，こればかりは大企業も中小企業も関係ありません．それを克服するための新規事業開発による脱成熟化こそが多角化戦略の神髄ともいえるでしょう．

事業分野を多角化する際にまず考えなければならないのは,「わが社は,今どのような事業を行っており,今後どのような事業を行うべきか」を明らかにすることです.これは,企業ドメイン（Corporate Domain）の認知と呼ばれており,第3章で詳しく述べます.

　企業ドメインは,全事業分野を一覧する事業ポートフォリオの形で示される場合もあれば,それらを包括するコンセプトとして短い言葉で示される場合もあります.日本電気の「C&C（コンピュータ＆コミュニケーション）」などは,後者の典型例といえるでしょう.コンピュータの示す情報技術と,コミュニケーションの示す通信技術とを半導体を介して融合し,多くの事業を創造し,統合していくという,企業の進むべき方向性を短い言葉で示したものです.

　1960年代,70年代において,アメリカ企業の関心の中心は多角化にありました.第二次世界大戦後の社会の安定化に伴い,既存事業が堅調ではあっても,成長率という点では低下してきたために,より成長性の高い分野に新規事業を展開することが求められました.第1章で述べたように,1960年代に活躍したチャンドラーやアンゾフの経営戦略研究も,全社的な立場からの多角化戦略に中心があったわけです.

　さらに1970年代に入ると,多角化戦略の結果生まれてきた数多くの事業を,全社的立場からどのように管理するかに大きな関心が集まってきました.進出すべき事業分野の選択にあたっては,分野間でシナジー（相乗効果）の発揮される関連性の強い分野への進出が業績向上に有効とされます.また,多角化した事業分野間で限りある経営資源をどのように配分し,共有すべきかが重要な決定事項となります.資源配分の指針としては,ボストン・コンサルティング・グループの開発したプロダクト・ポートフォリオ・マネジメント（PPM）に代表されるさまざまな分析手法が開発され,成長,現状維持,投資回収,撤退などの判断を行うことになりました.このように,企業戦略は全社的な立場から最高経営責任者が下す意思決定の指針として機能するわけです.

2.4　事業戦略とは

　企業経営を，トップマネジメントから見た全社的な資源配分の問題だけではなく，事業（Business）の面から考えるべきであるとする考え方は，ドラッカー（P. F. Drucker）あたりまで遡ることができます．1954年に著したベストセラー『現代の経営（The Practice of Management)』の中でドラッカーは，「事業とは何かを理解するためには，事業の目的から出発する必要がある」として，「事業の目的は顧客を創造することである」という名文句を残しています．この言葉の裏側には「事業は利益の観点からは定義も説明もできない」という考え方があるのですが，これは経済学的な市場原理からのアプローチを批判したものと見ることができます．さらに「顧客を創造することが事業の目的なのであるから，事業を営む企業の機能は2つ．しかもただ2つだけである．それはマーケティングとイノベーションである」とも述べています．

　「マーケティング」と「イノベーション」という2つの言葉に注目してみましょう．今日でも技術主導型の企業の中には，マーケティングのことを「工場が生産したものを営業が売るための販売促進策」という程度にしかとらえていないところも残っています．そのような社内では「マーケの連中は技術がまるでわからない」などという言葉が飛び交ったりするものです．しかし，ドラッカーのいうマーケティングとはもっともっと広い概念で，顧客が何を求めているかの調査・研究にもとづいて，製品企画，生産，在庫管理，流通，販売，サービスなどの一連の活動を展開し，顧客を創造すること，つまり事業そのものを指しています．

　一方，イノベーションも，いわゆる技術革新だけでなく，技術以外のものも含めた「革新」全体をさし，より経済的な財やサービスを提供することを意味します．具体的には，コスト削減による価格の引き下げ，価格は高くても新規でよりすぐれた製品，新しい利便性，新しい欲求の創造などの形態をとります．

　このような考えを背景に，1960年代から企業全体の多角化戦略ではなく，個別の事業ごとの戦略に焦点を絞った事業戦略の概念の萌芽が表れてきます．事

業戦略では，特定分野でいかに競争するかという点が主要な課題となるため，事業戦略のことを競争戦略（Competitive Strategy）という場合も少なくありません．競争戦略という用語を最初に明確な形で用いたのは，ギルモアとブランデンバーグ（F. Gilmore & R. G. Brandenburg）で，1962年の『ハーバード・ビジネス・レビュー（Harvard Business Review）』誌掲載の論文「Anatomy of Corporate Planning」がはじまりといわれています．しかし，当時の論議はまだまだ単純素朴なもので，事業分野ごとに有力な競合企業の資源や能力と，自社のそれらを対比して，自社の強みと弱みを分析して，競合企業に対する競争優位（Competitive Advantage）を実現する対策を立てなければならない，というものでした．

　ここで，さらに競争優位というキーワードについて少し考えてみましょう．この言葉の明確な定義というものはないのですが，今日でもさまざまな経営書で，製品市場における各企業の事業部門間の競争において，自社の業績が競合企業よりも優位に立っている状態，あるいは自社製品が顧客によって競合企業の製品よりもより選好されて購入される状態をさす，というような説明が多く見られます．この2つの説明は似ているようで実は意味合いが異なります．

　つまり優位を実現している関係の中に誰を含むのか，という点で異なっているのです．前者は，自社と競合企業という二者間関係のみを考察対象としており，後者は顧客を中心とした自社と競合企業の三者間関係を考察対象としています．経済学的な市場原理からのアプローチでは，事業を利益のみから考え，前者のような定義を採る場合も少なくないようです．前述のギルモアとブランデンバーグも前者のような立場でした．この場合，「競合企業を打倒する」ことが第一義とされ，顧客の存在を見失いがちです．

　一方，ドラッカー流のマーケティング寄りのアプローチでは，顧客のニーズを知り，顧客を創造することが第一義とされています．1970年代以降，コトラー（P. Kotler）らのマーケティング研究の成果が競争戦略にも大きな影響を与えるようになるにつれ，顧客を中心にした考え方のほうが主流になってきました．

事業戦略，あるいは競争戦略という概念が，多角化戦略と並ぶ，もう1つの戦略論として広く意識されるようになったのは，1980年に登場した経営戦略研究の大スター，ポーター(M. Porter)によるところがきわめて大きいでしょう．ポーターの最初のベストセラー『競争の戦略』によれば，競争優位は企業が顧客のために行うさまざまな活動の総和として生み出す価値の大きさに依存するため，競合企業以上の優位を確立するには3つの方向性があることになります．

　1つは，競合企業と同程度の価値を提供しながら，より効率的な事業活動を行うコストリーダーシップ戦略であり，もう1つは，特異性のある活動で競合企業よりも大きな価値を生み出して，より高い価格でも顧客に受け入れられる差別化戦略です．以上の2つが幅広い顧客を対象としていたのに対して，特定分野の顧客に対象を絞り込んだ場合には，3番目の戦略として，そこに経営資源を集中する集中戦略という選択肢があるとしています．これらについては章を改めて詳しく論じてみたいと思います．

　ところで，企業戦略と事業戦略をあえて区別してとらえる場合は，数多くの事業分野に多角化した企業について論議しているのだといえるでしょう．単一事業のみを行う専業メーカーやそれに近い事業集中度を持つ企業では，両者をあまり区別して用いていないようです．これは必ずしも会社の規模によるわけではありません．

　トヨタ自動車は日本を代表する大企業ですが，売上の90％以上および利益のほとんどを自動車（それも軽自動車や大型バス・トラックなどは製品ラインナップにないため，他の自動車メーカーと比較しても意外に製品の幅は狭いのです）の製造販売から得ています．トヨタホームなどの非自動車事業もあることはありますが，企業戦略の中で自動車の事業戦略は圧倒的な重要度を持っているはずで，企業戦略と自動車事業戦略とは限りなく等しいと考えることができるでしょう．

　逆に広範囲に多角化した企業では，本社の統制があまりに一般化されていて，そのままでは適用する際に方向性があいまいになりがちです．特に，非関連多角化した企業では，本社の統制ないし関心が財務的な側面のみになるため，企

業戦略の下部概念としてもっと明確な事業戦略を必要とするわけです．

2.5 職能別戦略や地域戦略

　職能別戦略（機能別戦略と書く本もあります）とは，経営戦略の階層構造の中で，職能別の各分野ごとに定める中長期的な方針や政策をさします．職能別戦略でもっとも重視されるのは，経営資源の蓄積と配分，および組織間関係であるといえます．単一事業の企業では，前述のように企業戦略と事業戦略の区別がないため，実質的に企業戦略のすぐ下位に職能別戦略が配置されます．また，多岐にわたる事業群を抱えた非関連多角化企業では，複数の事業が技術や市場に関してまったく異質となるため，財務戦略を除く全社共通の職能別戦略を考えてもあまり有効ではありません．そのため，それぞれの事業戦略に大きな比重がかかり，その下位に各事業部門ごとの職能別戦略が個別に形成されることになります．

　他方，複数部門間で技術や市場について共通する要素を持つ関連多角化企業では，職能別戦略と事業戦略とがともに重要であるため，両者が図 2.1 のようなマトリクス構造を形成します．ただし，職能別戦略と事業戦略のどちらが優先されるかは，企業が置かれた状況によって異なるでしょう．

　職能別戦略の形成は，企業がトップマネジメントの下で研究開発，生産，販売，マーケティング，人事，財務，情報システムなど職能別組織に分かれている場合は，各職能別組織の部門長が策定し，実行します．事業部制組織の場合には，各職能が事業部ごとに分属することになるため，本社の職能別スタッフ部門の長，あるいは各事業部内の職能別部門の責任者による横断的な組織により策定されるのが通例です．

　一方，近年では経営活動が一国の国境の枠を越えて行われることが多くなっています．グローバルに事業を展開する多国籍企業では，北米や中国など1つの地域だけで十分な大きさの製品市場を形成できる場合に，その地域独自の事業活動を展開することになります．日本企業の場合でも 1985 年のプラザ合意

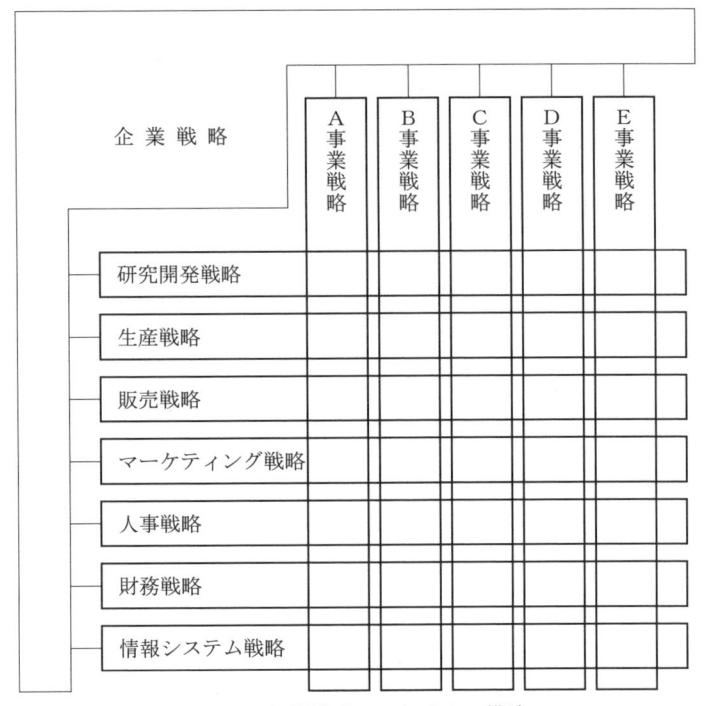

図2.1 経営戦略のマトリクス構造

以降，海外への製品輸出・販売だけではなく現地生産化が進み，さらに研究開発の現地化や，地域本社制による財務の現地化を行う企業も増えつつあります．このような場合には，地域戦略が重要となります．

以上述べてきたように，企業戦略の下位にあってそのサブセットとなる戦略は，事業ごと，職能ごと，地域ごとに細分化が進んでいきます．たとえば，総合電機メーカーにとって「洗濯機事業における北米での広告活動」などという意思決定は，全社的な企業戦略を司る本社スタッフから見ると，きわめて個別的，具体的な事柄であり，戦術的なものに見えます．しかし，実際に現場でその活動を推進する担当部署にとっては，それが業務のすべてであり，中長期的な一貫した方針を明らかにする必要から「洗濯機事業の北米広告戦略」なるものを明示することになります．

2.6 戦略形成プロセス

　企業活動の基本的方向付けと中長期的な目標設定のための一連の意思決定プロセスを，戦略形成プロセス（Strategic Formation Process）といいます．アンゾフ（H. I. Ansoff）によると，企業における戦略形成は，以下のような段階を経て行われることになります．
　① 企業目標・ビジョンの明確化と再検討
　② 内部経営資源評価の実施
　③ 外部経営環境評価の実施
　④ シナジーと組織構造に関する意思決定
　⑤ 多角化戦略
　⑥ 拡大化・成長戦略
　⑦ 組織展開に関する管理的戦略
　⑧ 資金調達に関する財務戦略

　このように，戦略形成プロセスは経営者のビジョン（Vision）からはじまり，内部および外部環境の中でそれをより具体化していくプロセスなのです．

　ここで，ビジョンとは，経営者が「わが社はかくありたい」と思う望ましい将来像のことであり，その企業の社会的な存在意義を示すものでもあります．また，企業の活動を通じて，自社のあり方をどのようなものにしたいかという「意思」あるいは「思い」を表したものであるともいえます．ビジョンは，経営者が経営戦略を決断するにあたってのよりどころとして必要であるばかりではありません．ビジョンを企業内で何回も表明することで，メンバーの理解を深め，彼らの行動を明確に方向づけるとともに，仕事に対してより強い動機付けができます．

　経営戦略のより具体的な策定と実行のために，企業内で公式化された体系的，組織的な経営計画の方法を戦略計画システム（Strategic Planning System）といいます．この場合，経営計画策定までの手順や日程のほか，部門ごとの立案者，支援者の役割を明確にして，分析手法や作成文書の書式なども全社的に統

一するのが通例です．神戸大学の加護野忠男教授によると，事業分野が多角化した企業では，以下のような手順をとる場合が多く見られます．

① 本社経営企画スタッフが経営環境変化の予測，経営課題，問題点を整理し，これをもとにトップマネジメントが中長期的なビジョン，基本方針，戦略策定のガイドラインを示す．

② それに従い，各事業部門では事業部門責任者を中心に部門ごとの目標と事業戦略を定め，その実行計画として3～5年間の中長期計画をまとめる．

③ 各部門から提出された事業計画について，本社経営企画スタッフが調整を行い，統合的な全社計画をまとめ，トップマネジメントの承認を得る．

④ 中長期計画に従い，各事業部門は各年度ごとに事業計画と予算案を作成し，実行する．

⑤ 本社経営企画スタッフは各事業部門の実績が計画や予算通りに進捗するかを管理し，これにより，トップマネジメントが各部門を業績評価する．

「経営戦略」という言葉が多用される前の時代から，「経営計画」という概念は広く存在していました．上記の手順は「経営計画」中心の時代とそれほど大きく変化してはいません．ただ1点異なるのは，「経営計画」中心の時代はボトムアップ的に進められていたのに対して，「経営戦略」中心の時代になると，トップダウンで行われるという点です．このように，戦略計画システムの目的は，全社戦略と事業戦略の整合性を高め，トップマネジメントや本社スタッフ部門と，各事業部門との間の情報共有を促進する点にあります．

【演習問題】

① 企業戦略と事業戦略，職能別戦略，地域戦略の目的と階層構造を説明しなさい．

② 分業と部門化が経営戦略の形成に及ぼす影響とはどのようなものでしょうか．

③ 経営戦略の戦略形成プロセスの特徴をまとめなさい．

第3章　わが社の事業は何か？

　企業の経営戦略を策定する際に，まず，最初に明らかにしなければならない事柄は，「われわれは今どのような事業を行っており，今後どのような事業を行うべきか」という点です．経営戦略論ではこれを「ドメイン（Domain）の明確化」と呼びます．

　ドメインは本来もっとも重視されるべきものなのですが，日常的にはあまり意識されていません．新入社員が「われわれの事業には，いったいどのような意味があるのでしょうか？」と課長に質問しても，「そんなことを考えている暇があったら，さっさと伝票の書き方でも覚えろ」と怒られるのが関の山でしょう．これは日常業務の中からは忘れ去られそうな，きわめて形而上学的な問いかけであるからです．

　第3章では，このドメインについて，もっと深く考えてみましょう．

3.1　経営理念とビジョン

　それぞれの企業には独自の経営理念（Management Philosophy）というものが存在しています．創業者，あるいは「中興の祖」と呼ばれる経営者など，偉大な先人が企業の社会的役割や責任，行動指針などを簡潔に表現したものです．その企業にとってもっとも重要な価値基準を示したものであり，実際には社是や社訓として伝えられたり，社章や社歌などに込められている場合が多いようです．

この経営理念を企業のメンバー全員に浸透させることで，日々の行動内容にまで大きな影響が与えられます．典型例を松下電器産業に見ることができます．松下の職場では創業者・松下幸之助の没後も，「産業人タルノ本分ニ徹シ，社会生活ノ改善ト向上ヲ図リ，世界文化ノ進展ニ寄与センコトヲ期ス」という「綱領・信条」と，「一つ，産業報国の精神」ではじまる「七精神」の唱和が毎日欠かさず行われ，海外の工場でも現地語に訳されて，同じように唱和したといわれています．これにより，新入社員にも精神的な一体感を持たせ，松下流の「ものの見方，考え方」を知らず知らずのうちに刷り込んでいくことになるわけです．

　優れた企業の経営理念には共通性があり，一般に顧客志向，革新志向，世界一を目指す，人間尊重などを強調することが多いともいわれます．

　しかし，経営理念は何かの意思決定を迫られた場合の判断基準とはなっても，それ自身が新規事業や新製品のアイデアを生んでくれるわけではありません．多くの場合，抽象的で美辞麗句を並べたものとなりがちです．不祥事を起こし，世間を騒がすような企業にも，たいへん立派な経営理念が存在しているものです．そのような企業では，立派な経営理念がメンバーに充分浸透せずに，単なる「絵に描いた餅」に終わっている，といえるでしょう．

　この経営理念を，もう少し具体的な到達目標として示したものが，ビジョン（Vision）になります．つまり，ビジョンとは企業が到達したいと思う望ましい将来像のことであり，企業の活動を通じて，自社のあり方をどのようなものにしたいかという「意思」あるいは「思い」を表したものです．ビジョンは経営者が経営戦略を決断するにあたってのよりどころとして必要であるばかりではありません．それを社内で表明して，メンバーによく理解してもらうことにより，行動を明確に方向付けるとともに，仕事に対してより強く動機付けることができるのです．優れたビジョンを示し，メンバーを動機付けていくことを，ビジョニング（Visioning）といいます．

　終戦後の焼け野原の東京で，バラック建ての東京通信工業（現在のソニー）を興し，その設立趣意書の「会社創立の目的」の第1に「真面目ナル技術者ノ

技能ヲ最高度ニ発揮セシムベキ自由闊達ニシテ愉快ナル理想工場ノ建設」と書いた井深大や，同じ頃に小さな町工場に過ぎなかった本田技研で，みかん箱の上に立って「世界一にならなければ日本一にはなれない」と従業員に朝礼で演説していた本田宗一郎は，まさにビジョンを体現していたわけです．

アメリカのコリンズ (J. C. Collins) とポラス (J. I. Porras) が 1995 年に著し，ミリオンセラーとなった『ビジョナリー・カンパニー』では，先見的かつ未来志向的な独自のビジョンを持ち，同業他社の間で広く尊敬を集め，大きなインパクトを世界に与え続けるような企業を「ビジョナリー・カンパニー」と呼んでいます．それらの企業に共通するのは「経営理念の維持」，「進歩をうながす動機付け」という特徴を持っていることです．ビジョナリー・カンパニーは，時代の流れや流行に左右されることのない基本的価値観を保持して，メンバーにその理念が深く浸透しているわけです．

しかし，その一方でピーターズ (T. Peters) によれば，効果的なビジョンというものは，大枠を守りながら，細かいところで時間とともに変化させなければならない，ともいっています．多くの企業で，初期の成功を長期的な顧客の満足と同一視して，それ以後の環境の変化や，同業他社の反応などを考慮に入れないまま，変化した世界を見る目を閉じてしまうことがあります．変化への対応を心がけるためには，ビジョンを細かいところで変化させていかなければならないのです．

3.2 ドメインとは

このような将来像と現在の姿を，さらに具体的な事業の形で認識しようとするものが，ドメインの考え方です．ドメインという言葉は，日本ではインターネットの普及とともに，広く使われるようになりました．電子メールのアドレスを書く際に，@マークの後の部分を「ドメイン名」と呼び，サーバの所属や場所を特定するために，いわば手紙の宛先に書く「住所」のように用いています．このドメインと，企業の経営にどのような関連性があるのでしょうか？

元来，ドメインという言葉は1つの生物種の生存領域や勢力範囲を表す生物学用語で，経営学で用いる場合には，経営環境の中で企業などの組織体が活動し，生存していく特定領域をさします．電子メールのドメイン名も，メールの送受信を行う場を示している，という点で共通しているわけです．

　組織活動のドメインを明らかにすることには，次の3つの利点があるといわれています．まず第1に，すべての環境の中から組織が活動するのに適切と考えられる領域を限定的に選択することで，組織のメンバーにとって注意を集中すべき領域とそうでない領域とをはっきりと峻別できるようになることです．第2には，組織が活動を行う際に必要となる経営資源がどのようなものであるかの指針を示せることです．そして第3に，アイデンティティを示すことで組織のメンバーの一体感を醸成し，社会に対しても存在意義を示せることです．これら3つの利点を発揮させるために，ドメインを明らかにして，それを組織のメンバーに広く認知させることが必要となるのです．

　また，ドメインの概念は，企業のさまざまな階層や組織単位にあてはめて分析することができます．複数の事業分野に多角化した企業では，企業全体を対象とする企業ドメインと，各事業単位についての事業ドメインの階層構造化が発生しますし，市場競争分析では競争の場としての競争ドメインの見方が重要となります．これらを以下に整理してみましょう．

3.3　企業ドメインとは

　企業ドメインとは，企業全体を広く俯瞰して，それぞれの事業を展開する領域を示します．企業ドメインは，企業成長を促し，その方向性を規定するため，一般に「広がりのあるドメインを持つ企業は，成長ポテンシャルが大きい」といわれます．企業ドメインの広がりとは，事業を展開する場の空間的な広がり，時間的な広がりに加えて，事業そのものの意味を普遍化，一般化する意味の広がりの，3つの次元でとらえることができます．

　企業ドメインは，全事業分野を一覧する事業ポートフォリオの形で示される

第3章　わが社の事業は何か？

場合もあれば，それらを包括するコンセプトとして，短い言葉で示される場合もあります．日本電気の「C&C」(1970年代)などは後者の典型例として知られています．

　このC&Cという言葉は，コンピュータ（Computer）とコミュニケーション（Communication）の頭文字を結んだものです．今でこそ「情報通信」と1つの四文字熟語のように使われますが，四半世紀以上前には，情報の世界と通信の世界とは，隣接してはいても別の業種として考えられていました．しかし，日本電気のトップは早くからこれら2つの技術の融合が将来の趨勢になると考えて，同社の事業領域をコンピュータと通信（テレコミュニケーションではなくコミュニケーションと訳しています）の融合したところにあると明確に定義して，さらに融合のきっかけを半導体が担うとしました．「C&C」という短い言葉の中に，これらの技術を蓄積していくことが，日本電気の中核技術を形成するために必要だというメッセージが明確に示されている点で優れているといえるでしょう．このように，企業のメンバーが企業ドメインを正確に認知することで，各事業間の成長の方向性が整合の取れたものとなり，企業全体のポテンシャルが増すと考えることができます．

　一方，広がりを重視するあまりドメインが抽象的になり過ぎ，かえってその役割を果たせなくなる場合もあります．第9章でも詳しく述べますが，キヤノンの例をもとに少し考えてみることにしましょう．

　キヤノンは戦前から続く高級カメラの老舗ですが，1970年代以降，複写機，プリンタ，半導体製造装置などに事業を多角化して発展してきました．現在では，カメラの売上構成比は1割強を占めるにすぎません．このプロセスの中で，キヤノンはドメインにあたる言葉を何回か変更しています．終戦後の焼け跡から再出発したキヤノンでは，1950年代に「打倒ライカ」が合い言葉のように使われていたということです．きわめて単純明快なメッセージですが，ドイツの名門カメラメーカーのライカに追いつき，追い越すことは，高級カメラ市場での地位を確立することを表します．この目標は，1960年代にほぼ達成されました．

　1960年代末になると，日本国内でもカメラの世帯普及率は50%を超え，カ

メラは成熟産業となり，大幅な成長を期待しがたくなりました．そこで 1967 年に当時の御手洗毅社長がいい出したとされるのが，有名な「右手にカメラ，左手に事務機」というスローガンです．カメラを重要な収益源とする一方で，それ以外に業務用機器分野で成長性の高い新規事業を開拓していこうとするメッセージを込めたものと解釈できます．1969 年には，社名もキヤノンカメラ株式会社からキヤノン株式会社に改め，脱カメラ化を鮮明にしています．これによって 1970 年代，80 年代に生まれてきた複写機やプリンタ，半導体製造装置のステッパーなどの新規事業が，キヤノンの経営を支える 2 本目，3 本目，4 本目の柱となっていったのです．

　1988 年に，キヤノンは新しい企業理念として「世界人類との共生」を掲げました．たいへんスケールの大きなメッセージではあるのですが，この共生という言葉から，環境に配慮したトナーカートリッジのリサイクル化など，既存事業の改良は進んでいるものの，新規事業を思い描くというのはかなり難問になるでしょう．複写機やプリンタと並ぶような大型事業が生まれてこない原因の何分の一かは，このようなドメインのあいまいさにあるのかもしれません．

3.4　事業ドメインとは

　実は，事業ドメインという用語は，論者によって用法が一定していません．研究者によっては，前述の企業ドメインと同義語のように用いていることもありますが，あえて区別して用いる研究者もいます．たしかに単一事業を営む企業では，企業戦略イコール事業戦略ですから，あえて区別して用いる場合にも，複数事業を抱える多角化企業での論議に限定されます．ここでは区別して用いる場合について考えてみましょう．

　事業ドメインは，全社的な視点からの企業ドメインに基づき，その下位の概念として，個々の事業を具体的に展開していく領域を示します．この場合は競争ドメインとも呼ばれます．企業ドメインは包括的，理念的な概念を示すに留まり，直接個々の事業ごとの戦略を展開できるだけの具体性を持っていないこ

とが多く，事業レベルで，より具体的な競争戦略策定の規範とするために，事業ドメインの階層を設定しなければなりません．

この場合，事業ドメインは「誰に，何を，どのように提供するか」に則して設定され，限りある経営資源に対応した市場の限定，経営資源の配分と統合的な活用の促進，製品市場での競合企業に対する差別化の確立により，競争戦略の明確化と，将来に向けての成長の方向性を明らかにしていくことになります．

3.5 ドメインとコーポレート・アイデンティティ

ドメインで明らかにした「わが社はどのような会社か」という概念を，社名や短い言葉の社是・社訓，社歌，社章・ロゴマークなどで示す企業全体の活動を，コーポレート・アイデンティティ（Corporate Identity，略して CI）といいます．CI 活動の意義は大きく 2 つに分かれます．第 1 には，消費者や社会に対して企業の独自性を明確にして，存在価値を高めるとともに，消費者にそれを正しく認識してもらうことです．第 2 には，企業のメンバーの行動に統一性を持たせ，組織への一体感を高めることです．

企業側，特に経営者の考える定義と，外部環境，特に消費者の認識の間には，どうしても差異が生じるものです．この差異をできる限り小さくしていこうとすることをドメイン・コンセンサスといいますが，コーポレート・アイデンティティはドメイン・コンセンサスを形成するための活動と言い換えることもできます．

日本では 1980 年代に多くの企業によって取り入れられ，CI ブームとなりました．CI 活動のもっとも簡単なものは，会社名を漢字からカタカナに変えること，ロゴマークを変えること，ブランドの統一などを行うことで，視覚に訴える活動でもあります．それはビジュアル・アイデンティティと呼ばれます．しかし，より根本的な改革とは，「わが社はどのような会社か」を，その経営理念・基本コンセプトに戻って変更する CI でしょう．それは事業の基本を変え，従業員の行動基準を変えることです．

たとえば，小中学生を対象とする通信添削を主な事業としていた福武書店は，ベネッセ・コーポレーションに社名を変更し，新しい事業展開をしています．ラテン語の bene（よく）と esse（生きる）を結合した造語としてのベネッセ・コーポレーションという社名に変更し，新しい経営理念を示すとともに，福祉・介護サービス事業などの展開をはじめています．

このようにコーポレート・アイデンティティは，企業革新の手法としての意味を持ちます．しかしながら，ビジュアル・アイデンティティを変えただけで満足してしまうような表面的な改革に終わる危険性も高い，ともいえます．

3.6 ドメインのあるべき姿

「意味を普遍化する」という観点から，ドメインのあるべき姿としてしばしば引用されるのが，ハーバード・ビジネススクールの教授，レビット（T. Levitt）の主張です．彼は，1960年に発表した論文「マーケティング近視眼」の中で，アメリカの鉄道業が斜陽化したことを例にあげ，その理由について鉄道会社が自らを鉄道業と定義したからだ，と論じています．これだけを読むと禅問答のようですが，次のようなたいへん示唆に富む論議です．

つまり，アメリカの鉄道会社の斜陽化の原因は，決して社会全体で旅客や貨物輸送の需要が減少したからではなく，鉄道というシステムで輸送需要を満たすことができなくなったからだ，というのが彼の論議の要点です．第二次世界大戦後，旅客や貨物の輸送需要は年々増加する一方であり，それに伴って航空機や自動車による輸送などが飛躍的な発展を遂げたのに対して，鉄道会社は新たな需要にうまく対応することができなかったわけです．もし，鉄道会社が自らのドメインを「鉄道業」ではなく，「輸送サービス業」ととらえていたら，航空輸送やモータリゼーションの発達に伴い，鉄道業の脱成熟化のために，もっとさまざまな事業展開が可能だったでしょう．

たとえば，旅客に快適な旅を提供する意味でホテルやレンタカー事業をはじめたり，貨物輸送の利便性を高めるのであれば，トラック輸送というのも輸送

サービスの範疇に入るはずです．つまり鉄道会社はドメインのとらえ方が原因で，市場の発展の機会をとらえることができなかったのです．日本でも国鉄分割民営化後の JR 各社が，旅行代理店業やホテル，駅レンタカーなど周辺分野に多角化しているのも，このような歴史の先例を反面教師としているためと思われます．

　もう1つ，レビットの取り上げた例として知られるものに，「顧客は 1／4 インチのドリルが欲しいのではなく，1／4 インチの穴が欲しいのだ」という言葉があります．工具店や DIY ショップにドリルを買いに来る顧客は，ドリルの刃を眺めていたいわけではなく，それを使って壁や材木に穴をあけたいからであり，提供する側としてはもっと便利に穴をあける，ないしは穴の代用となる手段を提供できれば，必ずしもドリルに固執する必要はないはずです．「私の事業はドリルの製造販売である」と考えると，事業の拡大のためにはもっと切れ味のよいドリルや，価格の安いドリルを開発しなければならない，というような発想に留まるでしょう．しかし「私の事業は壁の向こうとこちら側をつなぐ手段を提供することである」と考えると，もっと多くの製品やサービスをイメージできると思います．

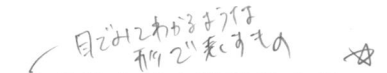

3.7　物理的定義と機能的定義

　このように，自らの事業を経営環境の変化とともに変えていく原動力がドメインにはあります．慶応義塾大学の榊原清則教授は，「鉄道業」や「ドリルの製造販売」のように自らの持つ製品の形態からドメインをとらえることをドメインの物理的定義，「輸送サービス業」や「つなぐ手段の提供」のように顧客に提供する機能でとらえることをドメインの機能的定義と呼び，機能的定義のほうが広がりのある概念で，環境変化に適応しやすいとしています．上記の例から考えても，機能的定義に則したほうが柔軟な発想を生み，事業を大きく発展させる成長ポテンシャルが高いといえるでしょう．

　たとえば IBM が，International Business Machine，つまり直訳すれば「国

際事務機械」という物理的定義の社名を起源に持ちながら，「IBM means service」と唱え続けるのも，機能的定義の重要性を意識しているからに違いありません．ピーターズ（T. Peters）とウォーターマン（R. Waterman）が 1982 年に著したベストセラー『エクセレント・カンパニー』では，IBM のこの社是について「一定の企業文化の中では，こうした標語そのものが，驚くほどの広がりを持つのである．同社では，一事務員にいたるまで誰もが，顧客サービスの向上に役立つなら何でも考えるように求められている」と述べています．

しかし，物理的定義は目に見えるモノに即しているので誰にもわかりやすいのですが，機能的定義は概念の抽象化が必要なため，これを広く認識させるのはたいへん難しいのが現実でしょう．前述の鉄道会社の場合を考えても，アメリカでは 1869 年以降に何本か開通した大陸横断鉄道によって西部開拓の歴史が大きく塗り替えられましたし，列車を正確に運行するためには複雑なシステムを間違いなく動作させる必要があり，線路の上を驀進する汽車の姿は力強さの象徴であったはずです．鉄道会社に勤める人びとにとって「われわれは鉄道マンである」ということは大きな誇りだったと想像できます．その人たちに，「いいえ，あなた方は鉄道にばかりこだわらず，人や物を運ぶために便利な方法を考えるべきです」と説いても，なかなか発想の転換にこぎ着かないのではないでしょうか．

さらに，経営戦略論の開祖の 1 人に数えられるアンゾフ（H. I. Ansoff）も，レビットの主張について，輸送サービス業という定義は次のような 3 つの点であまりにドメインが広すぎて指針を提供できない，と批判しています．

まず第 1 に，考慮すべきニーズの範囲がきわめて広く，それが都市内交通なのか都市間交通なのか，あるいは大陸内輸送なのか大陸間輸送なのかが明確でないし，陸上輸送なのか，航空輸送なのかに関して何ら指針を提供していません．第 2 に，顧客の範囲が広く，対象とする顧客が個人，家庭，私企業，政府機関なのかが明確でありません．第 3 に，製品の範囲も広く，乗用車，バス，列車，船舶，飛行機，タクシー，トラックなどのうち，どのような輸送に携わろうとするのかに関して指針を提供していません．

このように，ドメインを機能的に定義することはきわめて重要ではあるのですが，それだけでは抽象的過ぎて，行動の指針としては十分に役立たないことも明らかです．肝心なことは，物理的定義と機能的定義のバランスをうまく取り，方向性を示しながら無制限には広げない，という点にあるのです．先に述べた日本電気の「C&C」やキヤノンの「右手にカメラ，左手に事務機」というドメインは，言葉だけを取り上げれば物理的定義を述べているに過ぎませんが，それぞれの企業を取り囲む経営環境の中で，組織のメンバーが容易に機能的定義を連想できるからこそ意味があったといえるでしょう．何気ない言葉のようでいながら，進むべき方向と事業範囲の限定を的確に示していると考えることができます．

　日本電気以外にもアルファベットの 2 文字を&でつないだスローガンを提唱した企業は数多くありましたが，すべての企業に同様の効果があったとは思えません．単なる語呂合わせに終わっている企業も多いのです．さらに，日本ではバブル経済期に「総合〜企業」というドメインを掲げた企業が続出しました．たとえば富士写真フイルムは「I&I」（Imaging & Information の略）というスローガンのもとに，「総合映像情報産業」というドメインを掲げています．アナログからデジタルへの技術の大転換点にあたり，永年の映像技術の蓄積を活かして，IT 時代にもできる限りさまざまな分野に多角化していく，というメッセージと受け取れます．富士写真フイルムの場合は業績もよく，外に向かって積極的にドメインを拡大するという意味でよい方向に作用していたのでしょうが，第三者から見ると，この定義からは新規事業は「何でもあり」になってしまい，非常に総花的，ないし大風呂敷なドメインの設定だといえるでしょう．

　「戦略の要諦は先制と集中にあり」という言葉が示すとおり，発散型の設定ではドメインとしての意味を持ちません．かのポーター（M. Porter）も，来日講演の際に「経営者の最大の仕事は，何をするかではなく，何をしないかを決めることである」と述べています．

3.8 企業成長とドメインの変化

現在，ドメインの代表的な定義としてしばしば取り上げられるのが，エーベル（D. F. Abel）が1980年（邦訳は1984年）に著書『事業の定義』で提唱した，顧客層・顧客機能・技術の3つの次元による空間的な広がりを持つ定義でしょう（1993年の著書の中では技術に替えて，製品形態という用語を使用しています）．

どのような顧客に売るか，どのような技術で具現化するか，という2つの軸で，事業のフレームワークを考える方法はアンゾフあたりから広く用いられた古典的方法ですが，エーベルの考え方の斬新なところは，それに「顧客機能」を加えたことです．顧客機能とは，製品やサービスが満たすべき顧客のニーズをさします．

たとえば腕時計の本質的な機能は，「いつでもすぐに時刻がわかる」ことであるはずですが，顧客はそればかりではなく，外観やデザインといったファッション性，あるいはアラームや温度計などさまざまな付加機能を重視して，特定の製品を選択するかもしれません．実際に複数個の腕時計を所有し，時と場合に応じて使い分けている顧客は多いわけです．

プロダクト・ライフサイクルの初期には，まだ製品が十分に市場に普及していないため，本質的な機能のみで多くの顧客を満足させることができますが，市場が成熟化し，買い換え・買い増し需要が中心となってくる時代には，顧客のニーズも多様化するにつれてさまざまな変化が生じてきます．これが顧客機能の拡がりです．

特に，企業が成長するためには事業の多角化が不可欠ですが，このように多角化した企業の持つ事業群は，顧客層・顧客機能・技術の3つの次元で構成される空間中に広がりを持つ立体で表現でき，これにより顧客と技術だけからなる古典的な二次元の定義より深い洞察が得られるといいます．

事業の定義における第1の課題は，顧客層，顧客機能，技術の3つのうちのどれに最大の焦点をあてるかの選択です．これによりその後の戦略の方向性が

定まってくるといわれます．第2の課題は，重点として選択された方向に従った事業範囲の設定です．これにより，企業ドメインと事業ドメインの関係が明らかになり，具体的な戦略策定への道筋を示すことができるのです．

3.9　ドメインから経営構想へ

　ドメインの明確化はとりもなおさず，今日の自社の置かれた状況，つまり現在情報を正しく認識すると同時に，あるべき姿・目標，つまり未来情報を示し，その間のギャップを今後どのように克服していくかについて，ロードマップを描くことにほかなりません．このような経営戦略のグランド・デザインを考え出す能力を経営構想力といいます．経営史家の大河内暁男大東文化大学教授（東京大学名誉教授）は，経営構想力を，「経営者が経験に先行して，将来の経営行為の形を想定する際の知覚，認識，総合，先見，構想などの諸力を包括した，多面的な能力」と説明しています．

　このような経営構想力には，相反する二面性があります．

　1つには，経営構想力は経営者個人の能力としてさまざまな制約があり，すべての客観的な条件や事象を知覚して認識することができないため，不完全な，きわめて限られた能力である，という側面です．しかし，もう1つには現在の客観化された条件と経験の上に立ちながら，既知ではない，かつて経験されたことのない，まったく新しい経営行為を創造することのできる無限の能力である，という側面です．

　後者の無限の能力を発揮し得た経営者が，偉大な創業者として歴史に名を刻むことになるのでしょう．まったく新しい技術にもとづき，類似製品もないような市場創造型の新規事業の場合には，手本となるような先行企業もないため，新規事業の成否は，誰も経験したことのない，まったく新しい経営行為，今風にいえばビジネスモデルを創造できるかどうかにかかっています．このような場合，経営者が意思決定する際のよりどころは，「かくありたい」と思う未来情報にもとづいて自らを変えていく，強い意思なのです．

既存事業の経営管理は，自らの経験をもとにしたり，同一業界内でもっとも成功している企業を手本に相違点を明らかにしていく「ベスト・プラクティス」など，現在情報に基づいて修正を加えていく，フィードバック型の管理が中心となります．しかし，市場創造型の新規事業の経営管理は，未来情報に自らを近づけていくフィードフォーワード型の管理となります．制御工学の考え方では，フィードバック・ループを持つ系の挙動は安定的であるのに対して，フィードフォーワード・ループを持つ系の挙動は，うまく目標値に収束する場合にはきわめて早いスループットの情報伝達特性を示しますが，発振したり，逆にゼロに収束したり，不安定にもなります．企業においても「かくありたい」と思う強い意思が，企業をプラスに導いていくこともあれば，かえってマイナスに作用する危険性をはらむことと，きわめて似通っているといえるでしょう．

【演習問題】
① 日本電気の「C&C」というドメインはどのような意味を持つものだったのでしょうか．
② レビットが，アメリカの鉄道業が斜陽化した理由を自らを鉄道業と定義したからと説明していますが，どのような意味を表しているのでしょうか．
③ ドメインの物理的定義と機能的定義の違いを述べなさい．また，あなたのよく知っている会社を1つ取り上げて，その会社のドメインの物理的定義と機能的定義を考えなさい．

第4章 戦略と企業行動の環境適応

　企業の策定した戦略が有効に機能するかどうかは，さまざまな要因で決まります．どんなにすばらしい戦略を考え出しても，それを具現化するのに必要な人材や資金や技術がなければ，単なる夢物語に終わります．また，企業を取り巻く社会情勢やライバル企業の動向によっても有効性は変化してきます．かつて成功したからといって，同じような戦略的企業行動を再度とっても成功する保証はありません．

　このように戦略の有効性は，企業の内的要因・外的要因や，さらにそれらの時間的変化に大きく左右されるわけです．逆にいえば，戦略の策定にあたっては，これらを十分に考慮しなければならないことになります．

　第4章では，企業の内的要因・外的要因や，さらにそれらの時間的変化について考えてみましょう．

4.1 経営資源とは

　企業は目的達成のために，さまざまな人材や設備，資金，技術，情報などを集め，企業活動に投入していきます．経営学では，これら企業の内的要因を経営資源（Management Resources）と呼んでいます．古典的な経営学では，経営資源を「企業活動に必要な資源あるいは能力の全体」などと定義して，俗に「ヒト・モノ・カネ」という3つの要素に分類する，としてきました．しかし，1980年代からはこの3つに「情報」を加え，「ヒト・モノ・カネ・情報」の四

大要素に分類する考え方が主流となっています。

ヒト，つまり人的資源は，企業活動に必要な経営者や従業員の人数や資質をさします。ここでは採用から，教育訓練，能力を十分に引き出すためのインセンティブ・システムなどが課題となります。

モノ，つまり物的資源は，企業の持つ製品の優秀さや，製品・半完成品・原材料などの在庫，あるいは工場や営業所の土地・建物・設備などの動産・不動産をすべて含みます。ここでは，目的に従っていかに有効にかつ効率的に活用するか，が問題となります。

カネ，つまり財務的経営資源は，いうまでもなく，企業活動に必要な資本や借入金の調達と運用の最適な管理が課題となります。

また，情報的資源には，マネジメントシステム，技術，ノウハウ，特許などの知的財産権，顧客情報，のれん，ブランド，企業イメージ，企業文化などが含まれます。

経営資源はいずれも無制限に利用できるわけではなく，きわめて限られたものにすぎません。また，どのような経営資源が競争相手の企業より優っており，どのような部分が劣っているかによって，企業の戦略の組み立て方が変わってきます。そのため，企業の目的達成に向けてどの事業領域に，その資源を，いつ，どの程度配分すべきか，あるいは増強していかなければならないかという問題，いわゆる資源配分を決定することがきわめて重要課題となります。

4.2 経営環境とは

企業を取り巻く外的要因を，経営環境（Managemental Environment）と呼んでいます。企業の業績に影響を及ぼす主な外的要因には，世の中の好不況などの社会情勢，顧客の嗜好の変化や，製品ライフサイクルの進行と技術革新による市場規模の変化，競争相手となる企業動向などの直接的要因に加えて，株主，労働組合，債権者，仕入先企業，納入先企業，官公庁，地域社会などのステークホルダーからもたらされる間接的要因もあります。企業はこれらの経営

環境の中で，どこに自社の事業に成長の可能性や他社を圧倒する業績をもたらす機会があり，逆に事業の成長を鈍化させたり，その地位を脅かすような脅威があるのかを，よく見定めなければなりません．

4.3 戦略の基本はSWOT分析から

製品市場での企業間（あるいは事業単位間）の競争において，より多くの顧客の獲得を目指して，自社が競争相手の企業よりも優位に立っている状態，あるいは自社製品が顧客によって競争相手の企業の製品よりも選好されて購入される状態を，競争優位（Competitive Advantage）といいます．つまり，競争優位は，あくまで競争相手の企業が存在するという外部環境下での「比較優位」であるわけです．これを考える際のもっとも基本的なフレームワークをSWOT分析（SWOT Analysis）といいます．S, W, O, Tとは，強み（Strengths）と弱み（Weaknesses），外部環境にある機会（Opportunities）と脅威（Threats）の頭文字を取ったものです．SWOT分析は経営戦略に限らず，軍事戦略，国家戦略など戦略全般において有効な分析フレームワークといえます．

強みとは，自社の経営資源の中で，その事業分野で競争優位を獲得するのに貢献するもの，つまり競争相手の企業のそれよりも優れているものであり，逆に弱みとは，競争相手の企業のそれよりも劣っているものです．SとWは，いわば内的要因の評価といえます．また外部環境の中に見出される機会とは，自社の事業に成長の可能性や競争優位の向上をもたらす要因であり，逆に脅威とは，事業の成長を鈍化させたり，その競争優位を脅かす要因をさします．OとTは外的要因に対する評価となります．

分析手法としては，古くは検討すべき要因を列挙したチェックリストが用いられていました．古典的な手法の代表例が，1965年にアンゾフ（H. I. Ansoff）が『企業戦略論』の中で提唱した，能力プロファイルでしょう．この枠組みは，縦軸に職能分野，横軸に能力を取り，それぞれ4つに分けることによって，4行4列のマトリクスとして表を作ります．

職能分野は，①全般管理・財務，②研究開発，③生産，④マーケティングの4つに分け，能力は，①施設・設備，②人的技能，③管理能力，④組織能力の4つに分類します．マトリクスの16個の各セルに，企業がすでに獲得した能力や，必要な能力を書き込んでいくことで，どの部分で競争優位が実現でき，何が欠けているかがわかる，というものです．これは，特に内的要因としての経営資源について「現状認識を整理する」という点ではたしかに実践的ではあるといえるでしょう．しかしアンゾフ自身は，なぜこのような16個のセルによる分類とすべきなのか理論的な背景を明示していません．さらに，このような表で整理された後で何をすべきなのかについては，また別の論議を必要とします．

SWのような内的要因分析とOTのような外的要因分析は，相互依存的で表裏一体の関係にあり，どちらか一方のみで事足りるようなものではありません．しかし，どちらに重心を置いて論議するか，という立場の違いはあります．1980年代から脚光を浴びたポーター（M. Porter）の競争戦略論は，OTの側，つまり市場構造を重視して，その中で自社に有利なポジションを見出す必要があるとするものです．このような考え方を，マーケット・ポジショニング・ビュー（Market Positioning View）といいます．

これに対して，1990年代にハメルとプラハラド（G. Hamel & C. K. Praharad）の提唱したコア・コンピタンス（中核能力）の考え方は，SWの側，つまり内的要因を重視した論議であり，この考え方はリソース・ベースド・ビュー（Resource-based View）とも呼ばれます．これら2つのビュー（視角）の違いにより，今日の経営戦略論の分野でさまざまな論議が繰り広げられています．

4.4 強みや機会は主観的なもの

前述したようなアンゾフの能力プロファイルのマトリクスを用いると，自社の強みや弱みが，きわめて整然と客観的に把握できたような気がしてくるもの

です．たしかに資本金とか，セールスマンの人数とか，工場の生産設備のように，定量的に比較できるものについては，他社との優劣がはっきりと対比できるでしょう．

しかし，たとえば自社で研究開発した技術にもとづく新製品が，他社製品に対してどの程度まで競争力に差異があるか，はたしてどこまで客観的かつ冷静に答えられるものでしょうか？　思い入れの強い研究者ほど，自分の開発した技術にきわめて大きなアドバンテージがあると信じているものですが，その思いがどれほど顧客まで伝わっているかは疑問です．鳴り物入りで発売した新製品が市場で評価されないまま姿を消していった例など，枚挙にいとまがありません．これは強みと信じていた技術が，顧客には差別化要因として認知されなかったことを意味します．

能力プロファイルで一見客観的に整理できた事項も，実はきわめて主観的な評価を並べたにすぎない側面もあるのです．性格分析で「優柔不断」というと短所になりますが，「何ごとも慎重に判断する」と言い換えると長所になる，という話とどこか似ています．

外的要因である機会，ビジネスチャンスについても同じようなことがいえます．ソニーの創業者の1人，盛田昭夫が生前よく語った寓話に，次のようなものがあります．

1人の靴のセールスマンが市場の拡大を目指して，船で小さな南の島に行きました．しかし，その島の住民は全員裸足で歩いていたのです．それを見たセールスマンは「販売の見込みなし．住民は裸足で歩いている」と本社に電報を打って，次の島へと去って行きました．

次の船で，もう1人の靴のセールスマンが島にやって来ました．ところが，彼は裸足で歩いている住民を見て，本社に次のような電報を打ちました．「大至急在庫をすべて送れ．住民は裸足．われわれは市場を独占できる」と．

この寓話の中では，「住民が裸足で歩いている」というのは誰にも否定できない客観的観察事実であるわけです．いわば企業を取り巻く市場環境についての客観的事実をもとに，一方は「裸足だから靴は売れない」，つまり過去の販売実

績がないから今後も市場がないと予測できると判断したわけであり，もう一方は「裸足だからこれから靴が売れる」，つまり過去の販売実績がないから潜在需要が未開拓のまま眠っていると判断したわけです．同じ客観的事実をもとにしながら，これを機会ととらえるかどうかは，ひとえに判断する人間の主観によっていることになります．

4.5　弱みを強みに変える

　経営戦略は中長期的な競争優位を実現する方法論であるため，ひとたび弱みを持ってしまうと，それを覆すことは一般的にはなかなか困難です．そのため，これまで SWOT 分析から弱みと思われてきた事柄を一気に強みに変えて，従来型の強みを持っていた企業と競争地位を逆転させる戦略を考え出すことは，経営戦略の担当者にとって，わくわくするような最高の醍醐味を味わえる瞬間でもあります．

　技術革新に伴う要素技術の不連続的変化があると，それまでの競争地位をすべてリセットして，新しい競争のスタートラインに立つことができます．それどころか従来型の強みを持つ企業の方が，かえって過去のしがらみにとらわれて変化に対応できない場合が多く，強みのもととなっていた経営資源が負債化しがちです．このときこそ従来弱みを持っていた企業にとって，千載一遇の好機となります．

　この典型例を松井証券に見ることができます．これまでの証券業界は，最大手の野村証券に代表されるように，全国に多くの支店を展開し，多数の外交営業マンを抱え，勧誘セールスを行い，いかに多くの顧客を囲い込めるかが強みの源泉となっていました．労働集約型で高コスト体質のため，規模の経済によってのみ優位が形成されていたのです．その点で，松井証券は大正7年創業の老舗ではあっても，大手と比べれば支店も外交営業マンもはるかに少なく，業界では下位の弱小証券会社でした．しかし，先代社長の娘婿にあたる松井道夫氏が 1995 年に社長に就任してから，わずかにあった支店も整理し，外交営業

マンによる勧誘セールスもやめ，国内初の本格的インターネット取引「ネットストック」に集中した事業展開を行ってきました．

　その結果，インターネットによる株式取引では大手証券会社を抜いてシェア第1位となり，不況業種である証券業界の中でもきわめて優れた財務体質を実現して，2001年には創業83年目で東証1部上場企業となりました．インターネットの普及により，各地の支店から外交営業マンが顧客を訪問勧誘する営業スタイルでなくとも顧客を獲得でき，さらに年中無休・24時間営業という新しい利点を生んで，状況を一変させたのです．

　インターネット取引に事業機会があるのは，証券業界の誰もが知っていたことです．しかし，もし松井証券が業界の中堅以上の証券会社であれば，逆に既存の支店網や外交営業マンの多さが足かせとなって，インターネット取引に思い切ってシフトすることができなかったでしょう．もともと支店も外交営業マンもはるかに少なかったからこそ実現できた，「持たない者の強み」ということができます．証券業界の格言に「人の行く裏に道あり花の山」という名文句がありますが，松井証券は，いわば「逆転の発想」で弱みを強みに変えたことになります．

4.6　環境適合と環境適応

　以上述べてきたように，戦略が有効に機能するには環境条件と企業行動とがうまく適合（Fit）していなければなりません．これを「企業行動の環境適合」といいます．しかし，環境条件は時間の経過とともに変化してきます．ある時点では適合関係にあった企業行動と環境条件も，それが永久に適合するとはいえません．松井証券の例も，電話ぐらいしか身近な通信手段がなかった時代には外交営業マンの勧誘セールスという企業行動が環境条件と適合していたわけで，インターネットの普及という環境条件が変わったからこそ，インターネット取引という企業行動との間に新たな適合関係が生まれたのです．これを表すと，図4.1のようになります．

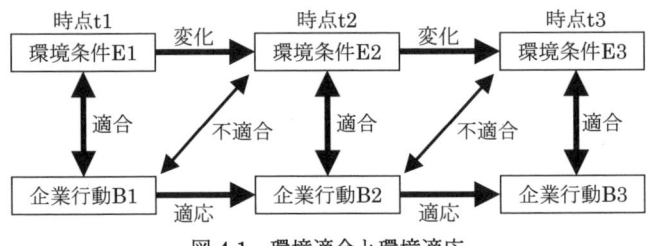

```
時点t1                時点t2                時点t3
環境条件E1  →変化→  環境条件E2  →変化→  環境条件E3
   ↕適合       ↘不適合↗   ↕適合   ↘不適合↗   ↕適合
企業行動B1  →適応→  企業行動B2  →適応→  企業行動B3
```

図 4.1　環境適合と環境適応

(出典) 柴田悟一・中橋國蔵：『経営管理の理論と実際（新版）』，東京経済情報出版，p.117，2003 年．

ある時点 t1 で，環境条件 E1 と企業行動 B1 の間に適合関係が成立していた企業は，時点 t2 では時間の経過とともに変化した新しい環境条件 E2 と企業行動 B1 の間に，不適合が生じてしまいます．この企業が，時点 t2 でも環境条件 E2 と企業行動の間にさらに新しい適合関係を築くためには，自らの企業行動を変えていかなければなりません．このように変化した環境条件に適合するように，自らを変えることを適応（Adaptation）といい，このような企業行動を「企業行動の環境適応」と呼んでいます．

環境適合と環境適応と，似て非なる言い廻しで，非常にまぎらわしいのですが，違いをよく理解してください．このように企業が時代を超えて常に好業績をあげていくには，環境条件の変化に合わせて次々と環境適応できるように，自らを変革し続ける努力が必要です．

4.7　ヘンリー・フォードの誤算

環境適応に失敗した代表的な例を，自動車王ヘンリー・フォード（H. Ford）の事業展開に見ることができます．

「自動車，それは 20 世紀の恋人」という言葉がありました．自動車産業は 19 世紀に産声を上げましたが，巨大産業として大きく飛躍したのは 20 世紀初頭からです．19 世紀末の自動車製造は，王侯貴族や富豪を相手に，なるべく高性能の車を 1 台ずつ手作業で組み立てていくようなビジネスでした．1903 年に

第4章　戦略と企業行動の環境適応

　フォード・モーターズを創業したヘンリー・フォードは，アメリカの農民層に故障が少なく，値段の手頃な大衆車の潜在需要が高いことを察知して，1908年に「T型フォード」を発売しました．農民層に未開拓の大きな潜在需要があるという環境条件に対して，故障が少なく値段の手頃な車を供給するという企業行動は，実にうまく適合していたわけで，T型フォードは圧倒的支持を受け，自動車史上に残るベストセラー車となり，1,500万台以上生産したといわれています．

　ここで，フォードの強みはいくつもあります．まず第1に，創業前に勤務していたエジソン電灯会社時代から当時の最新の技術に精通して，それらを大衆車の設計に応用したことがあげられます．フォード・モーターズでは，引っ張り強度の大きなバナジウム鋼板に着目し，アメリカで最初に自動車用部材として採用していました．また一体鋳造型の4シリンダーエンジンや，マグネット発電機を用いた点火装置など，当時の斬新なアイデアが盛り込まれています．第2に，大量生産・大量販売に対応するため，車種や色を絞り込み，さらに生産現場では労働者ではなく，素材や部品の方を移動させることで省力化と効率化を図り，ベルトコンベヤーによる移動組立生産方式（流れ作業）を導入しました．これは大量生産によるコストダウンと品質向上に大きく貢献しています．生産効率の向上により製造原価が低下して，T型フォードの価格も当初は850ドルだったものが次々と値下げを行い，これがさらに需要を刺激して生産量が増えるという好循環を生み出し，ついには290ドルまで低下しています．

　さらにそのほかにも，全米にいち早くディーラー網を整備したり，月間生産量の平準化を図る生産管理を徹底したり，実に多くの強みを得ているわけです．T型フォードの大成功により，都会と接触する機会の少なかった農民層にとって，自動車は便利な交通手段・輸送手段となり，農村経済に革命的変化をもたらし，ライフスタイルを一変させました．フォードのシェアは，1921年には56%に達しています．

　しかし，フォードの成功も永久に続くわけではありません．1920年代半ばには，アメリカの全世帯（2,340万世帯）の8割以上がすでに自家用車を所有す

るようになり，自動車市場は新規購入ではなく，買い換え・買い増し需要が中心となってきたのです．市場がこのような状態になると，廉価でも20年近く変わり映えのしないT型フォードよりも，多少価格が高くてもスタイルが良く，高級感のある車を選好するようになります．特に，T型フォードの基本型は幌付きのオープンカーだったのですが，冬は寒く，風雨時には運転しづらいため，買い換え時には屋根や四方に窓ガラスのあるクローズドキャビンの車が好まれたといいます．

ヘンリー・フォードは，このような市場環境の変化にもかかわらず，また社内に反対があったにもかかわらず，T型フォードに固執しました．1927年5月に生産中止した際にも，後継車種の設計ができていなかったために，7ヵ月間も工場を休止せざるを得ず，その間にゼネラル・モーターズ（GM）が優位に立ちました．

ゼネラル・モーターズの企業行動の特徴は，当時の経営者でゼネラル・モーターズ中興の祖といわれているアルフレッド・スローン（A. P. Sloan）がいった，「どんな人の財布にも，どんな目的にもかなった車」という言葉に象徴されています．高級車から大衆車まで車種を6クラスに分け，セダンだけでなく，クーペやワゴンなどボディースタイルにも変化を持たせ，カラーバリエーションも増やし，フルライン化で顧客の多様なニーズに適合させるものでした．さらに毎年のモデルチェンジで旧モデルの「計画された陳腐化」を図り，中古車の下取りや割賦販売を行い，買い換え需要を喚起したのです．いわば，現代の自動車ビジネスの原型がここに完成したといえるでしょう．その結果，今日までゼネラル・モーターズの優位が続いているわけです．

20世紀初頭にヘンリー・フォードがとった企業行動は，買い換え・買い増し需要が中心となった1920年代後半の環境条件には適合していなかったことになります．本来であれば，いち早くクローズドキャビンの車を中心に生産・販売体制を切り替えて，環境適応すべきであったわけですが，ヘンリー・フォードにはそれができませんでした．数多くの斬新なアイデアを取り入れ，自動車産業を革新してきた天才ヘンリー・フォードでさえも，自らの成功体験にこだ

わりすぎて，時代を見る目をふさいでしまったのです．逆にアルフレッド・スローンは，「企業は不断に変化に対応していくものであり，その意味では時代適応業に過ぎない」という名言を残しています．

4.8 普遍的な戦略は存在しない

　それぞれの企業の持つ経営資源は異なるため，強み・弱みもさまざまに変わります．そのため，同じ業界に属し，同じような環境変化の影響を受ける企業同士であっても，最適な戦略は自ずと違ってきます．ある企業にはきわめて有効な戦略であっても，それをそのまま同業他社に適用することはできません．また，以前に他社を出し抜いて成功した企業行動があった場合，同じような企業行動を繰り返しても通用するとは限りません．最初の成功を傍から見ていた同業他社は，おそらく二度目には牽制行動や対抗行動に出ると思われます．いってみれば，「この会社はこのような戦略で成功した」という情報が業界全体で共有されてしまうため，その企業行動の意外性が失われてしまうわけです．

　さらに考えると，経営戦略の目的が競争優位の獲得にあるため，経営戦略の研究者が特定の成功企業の戦略を分析して，その成功要因を明らかにしてしまうと，その戦略によって再び競争優位を獲得することはきわめて困難になります．それまでとは違う新たな戦略を次々と策定していかないと，成功を持続させることができないのです．いってみれば1つの戦略の有効性は一度きりであって，「使い捨て」のような部分が少なくありません．

　また，企業は同時に2つの戦略を実行することができないため，実行された戦略が本当にベストな選択だったかどうかは，誰にも検証できません．経営戦略の研究者の仕事というものが，どうしても成功事例や失敗事例を集めた後講釈に陥りがちな原因がここにあります．まして「これが○○ビジネス必勝戦略だ！」などというたぐいのビジネス書は「看板に偽りあり」といわざるを得ません．そのような普遍的な戦略は存在せず，競争相手の企業もその本に書かれた戦略を知っているとすれば，戦略の有効性は著しく低下すると考えられます．

戦略の有効性は，独自性と新規性に大きく依存しているのです．

4.9　環境適応への基本的な考え方

　従来の戦略や企業行動が新しい環境条件下で不適合になった場合，環境適応していくためには何が必要なのでしょうか．

　ここでは2つの事柄が大事であると思われます．第1には，企業行動の柔軟性を常に維持し，予想とは異なる状況が発生した場合に，次善の策を速やかに取ることができるシステムを持つことです．そのためには，いわゆるリスクマネジメントが必要となります．つまり将来発生し得るリスクが自社にどのような影響を及ぼすのか，可能な限り事前に評価していることが重要になります．

　第2は，継続的な組織学習です．組織学習は，さらにシングルループ学習とダブルループ学習の2種類に分かれます．シングルループ学習とは，現象を見る枠組みとしてのパラダイム（Paradigm）は従来のままで，行動パターンだけを改善していくという学習スタイルをいいます．そのため，シングルループ学習を繰り返しても，改善の段階に留まるだけで，変革には至らないのです．これに対してダブルループ学習とは，現象を見るためのパラダイムを棄却し，変革していくという学習スタイルです．そのため「学習棄却」とも呼ばれます．先に述べたヘンリー・フォードの教訓は，いつまでも過去の成功にこだわらず「学習棄却」することの大切さを教えてくれています．

【演習問題】

① SWOT分析とはどのようなものであるか説明しなさい．
② フォード・モーターズの発売したT型フォードの成功要因はどこにあったと考えられますか？　また，それが後に失敗した理由は何だったのでしょうか？　簡単にまとめなさい．
③ 「経営戦略の環境適合」と「経営戦略の環境適応」の意味の相違について，フォード・モーターズの事例に則して説明しなさい．

第5章　競争の規定要因と経験曲線効果

　第2章で述べたとおり，経営戦略の主要テーマは，それぞれの事業単位ごとに競争優位の確立を目指す「競争戦略」と，全社的見地から最適な経営資源の配分を図る「多角化戦略」に大別されます．

　第5章では，まず競争戦略のもととなる市場競争の厳しさを決める要因について詳しく考えてみましょう．

5.1　競争の規定要因

　「昔より厳しい競争にさらされるようになった」という言葉を，最近よく耳にします．ライバル企業が次々と新製品を発売するから，海外企業が日本に上陸してくるから，原油価格が値上がりしたから，顧客が価格破壊を当然のように思っているから，など，さまざまな背景が考えられます．では，競争の厳しさとは何を示すのでしょう．

　競争戦略論を世界に広めたポーター（M. Porter）は，競争の厳しさが次にあげる5つの要因の生み出す圧力によって決まると説明しています．これをポーターの5つの環境要因（Five Forces Analysis）といいます（図5.1）．

　① 既存企業同士の競合状況（Rivalry Among Existing Competitors）
　② 新規参入の脅威と参入障壁（Barriers to Entry）
　③ 代替となる製品やサービスの脅威（Threat of Substitute Products or Services）

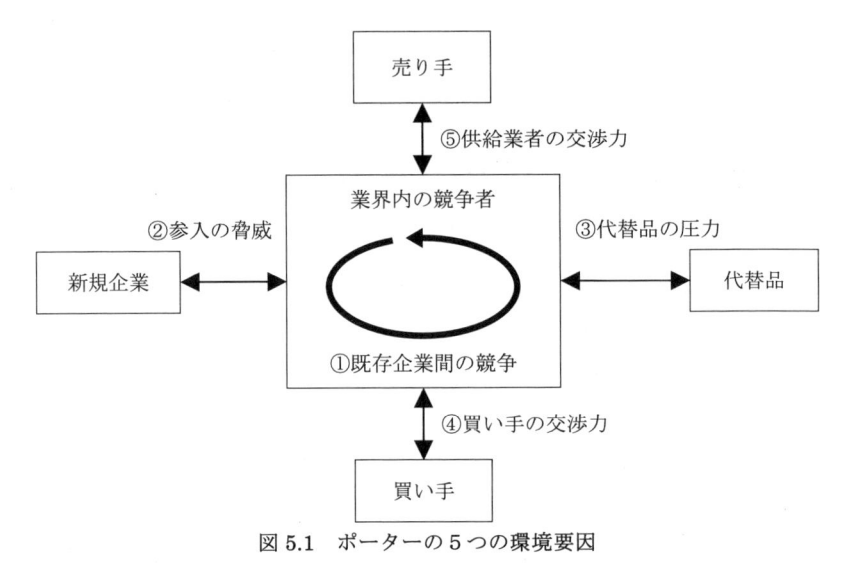

図5.1 ポーターの5つの環境要因

（出典）M・E・ポーター（著），土岐坤，中辻萬治，服部照夫（訳）:『[新訂]競争の戦略』，ダイヤモンド社，p.18，1995年，図表1.1をもとに作成．

④ 買い手の交渉力（Bargaining Power of Channels or End Users）
⑤ 売り手の交渉力（Bargaining Power of Suppliers）

　第4章で，もっとも基本的な戦略分析の枠組みとして，SWOTという概念を説明しました．このような競争の5つの規定要因を用いた分析は，この中のOとT，つまり自社の属する産業ないし業界という外部環境に，どのような事業機会（Opportunity）と脅威（Threat）が存在するのかを明らかにするものです．

　ここで，上記①の既存企業同士の競合状況について考えると，たとえばライバル企業の数が増えると，当然競争も厳しさを増します．あるいは高度成長期にある産業では，上位企業も下位企業もそれぞれに利益をエンジョイできる場合もあるでしょうが，市場が成熟化してくると，下位企業は生き残りが厳しくなってきます．さらに製品の独自性維持が困難で企業間の格差が小さい場合には，競争も厳しさを増すでしょう．このように，既存企業同士の競合状況により競争の厳しさが変化します．

同様に，②の新規参入の脅威と参入障壁について考えてみましょう．参入とは，ある製品市場に対して，もともと異業種や異市場にいた企業が，その製品市場に同質の製品やサービスをもって事業展開をはじめることをいいます．新規参入が容易な業界とは，誰でも事業をはじめられる分野のことです．典型的な例が，アイデア1つで誰でもコンピュータさえあればはじめられる，インターネット・ビジネスなどでしょう．このような業種は，新規参入の脅威が大きい，といいます．脅威が大きければ，競争もそれに伴って厳しいものとなります．逆に，資格や許認可を必要とする業界は，新規参入が困難となり，既存業者にとっては厳しい競争を回避できます．医師や弁護士など国家資格で守られた業種や放送局などが，これにあたるでしょう．このような場合を「参入障壁が高い産業（業界）」といいます．

　また，③の代替となる製品やサービスの脅威は，既存の産業や業界の規模そのものの減少，ないし消滅を意味します．つまり，既存企業同士の競合や新規参入の場合は，同種の技術や製品群をもとにした競争であるのに対して，代替となる製品やサービスの登場は，既存のものを一気に陳腐化させ，顧客の関心を奪うものであるからです．変化のスピードがますます早まる時代ですから，代替製品やサービスの脅威が芽生えていないか，監視の目を怠らないようにしなければなりませんし，このような脅威が増せば，それだけ競争も厳しくなるわけです．

　④，⑤の買い手や売り手の交渉力も，競争の厳しさを決定する大きな要因です．たとえば，家電業界やファーストフード業界などは参入業者も多く，買い手である消費者も価格に敏感です．そのため，安売り競争による価格破壊が起こり，利益率の悪い業界となっています．このような場合，買い手の交渉力が大きい，といいます．しかし，たとえば電力業界は今日でも地域独占が許されているため，買い手である消費者には電力料金が高くなっても，原子力発電所に反対していても，他の選択肢がありません．このような場合，買い手の交渉力がない，といいます．

　売り手の場合も同様です．売り手の側の交渉力がもっとも強く発揮されたの

は，1970年代の2度にわたる石油危機でしょう．1973年の第四次中東戦争をきっかけとして第一次石油危機が起こり，石油輸出国機構（OPEC）加盟国が団結して，それまで1バレルあたり2ドル台であった原油公示価格を，約4倍の11ドル台に引き上げました．さらに1979年には，イラン革命に起因する第二次石油危機が起こり，36ドル台まで上昇しました．この結果，石油価格の決定権が先進消費国側から産油国側に移動し，石油業界だけでなく，自動車業界，電力業界など，関連する広範な分野に多大な影響が及びました．このように，競争の厳しさに多大な影響が与えられるわけです．

5.2 業界の平均利益率

　ポーターの考え方は，経済学と経営学との接点の領域である，産業組織論の成果を援用しています．つまり，産業や業界ごとに資本利益率の持続的な格差が存在するという発見事実から，市場構造を重視して，その中で自社に有利なポジションを見出す必要があるとする，マーケット・ポジショニング・ビュー（Market Positioning View）の典型例です．この考え方は「構造－行動－成果」パラダイムに従ったものです．

　パラダイムとは，科学上の問題を取り扱う際に，その前提となるべき，時代に共通の体系的な想定や支配的なものの見方，考え方をさします．つまり，まず産業や業界間で企業の資本利益率に持続的な格差が生まれる原因が，産業や業界の市場構造の違いに起因すると考えるところから出発します．しかし，企業にとって参入すべき市場や業界はあらかじめ決まっているわけではなく，自らのような市場や業界で事業を展開するかを選択できます．つまり，自社が「これこそもっとも魅力的な市場」と考えるところに自社を位置付ける（ポジショニング）ことができます．

　このように，市場構造がまず決まり，それに対する企業行動を起こすことで，成果が決定されるという考え方を「構造－行動－成果」パラダイムと呼んでいるわけです．

5.3 戦略グループと移動障壁

　戦略グループも，ポーターが提唱して広く知られるようになった概念です．戦略グループとは，ある産業や業界内で，同一ないし類似の戦略を採用している企業の集団をいいます．ただし，注意したいのは「グループ」とか「企業の集団」といっても，あくまで，第三者が外部から観察した結果，似たような企業をひとくくりに類型化してつけた名前にすぎず，決して企業が自発的に結成したグループや提携関係をいうものではありません．産業組織論の世界では，1つの産業や業界の中にも複数の戦略グループが存在すること，また同一産業内の戦略グループの間にも利益率の持続的な格差のあることが知られています．

　戦略が類似しているかどうかは，以下に示すようなさまざまな判定基準を組み合わせて判断します．

① 事業活動の広さ：製品ラインや顧客層，販売地域などが広いか，狭いか．
② 垂直統合の程度：製品の研究開発・製造・販売などに必要なさまざまな活動のうち，どの部分を自社に取り込んでいるか．
③ 品質水準：製品に必要な品質水準をどの程度にすべきと考えているか．
④ 技術リーダーシップ：技術面で業界のリーダーとなるか，他社追従でいくか．
⑤ 低費用追求：低費用，低製造原価を徹底的に追求するか．
⑥ プッシュかプルか：販売面で，宣伝広告などで直接需要を喚起するプル型か，流通業者に任せるプッシュ型をとるか．
⑦ サービス提供度：付加的なサービスを製品にどの程度上乗せするか．
⑧ 価格志向：高価格志向か，低価格志向か．
⑨ 他事業部門との関係：当該事業部門と自社の他の事業部門とが密接な関連をもって経営されるか．

　ただし，これらの判定基準は独立的ではなく，相互に関連しています．たとえば，100円ショップを営む企業は低価格志向であると同時に，当然低費用を追求し，品質水準もそれなりのものしか要求しないでしょう．逆に，高級ブラ

ンド品を扱う企業は，低価格や低費用を追求することなく，むしろ高い品質水準や付加的なサービスを積極的に上乗せすることを考えるはずです．つまり，これらの選択は内的整合性を持ち，ある程度パターン化されてくるわけです．似たような経営資源を持ち，業界内で似たような立場にある企業は，やはり似たような戦略行動を取り，似たような利益率を得る，という経験則がこの考え方のもとになっているようです．

　業界内で下位の戦略グループに属する企業が，業績を上げて上位のグループ入りを目指そうとしても，いろいろな困難が待ち受けています．業界そのものに参入することの難しさを「参入障壁」というのに対して，戦略グループ間の移動の難しさを「移動障壁」といいます．移動障壁が形成される理由はさまざまです．企業の能力や経営資源に差異があるため，あるいは企業の目標やリスクに対する姿勢が異なるため，業界への参入時期が異なるため，など多くの理由が考えられます．移動障壁が存在するために，それぞれの戦略グループに属する企業の顔ぶれが固定化する傾向が生じてくるわけです．

5.4　規模の経済と経験曲線効果

　移動障壁を形成する大きな要因の1つに，製造費用（Cost）の違いがあります．同じような原材料を用い，同じような製造工程で製品をつくりながら，企業により製造費用にかなりの違いが出てきます．製造費用が他より高いからといって高い価格で売れるわけではありませんから，平均製造費用の違いは直接的に利益率を左右します．では，なぜ差が出てくるのでしょうか．

　最初に考えられる理由は，量産規模の違いです．要するに，「原材料をまとめて買えば安くなる」，「製品をまとめてつくれば安くなる」という原則です．企業が一定の生産設備のもとで生産量を増加させることで平均費用を低下させていくことを，経営学では「規模の経済（Economies of Scale）」と呼んでいます．

　一般に，縦軸に費用を取り，横軸に生産量を取るグラフ上では，平均費用曲線はU字型の曲線を描くことになります．当初の生産設備に余力がある間は，

生産量の増加によって平均費用が低下し，曲線は右下がりになります．しかし，その生産設備の能力の限界を超えて生産しようとすると，設備の増設や工程の抜本的見直しなどの追加投資が必要となり，逆に平均費用が増加してきます．このように，規模の経済は大企業ほど有利であるという原則なのですが，一定の範囲内で成立するもので，すべての操業度にわたって存在するものではないことに注意したいと思います．

　この規模の経済と似て非なる原則に，「経験曲線効果（Experience Curve Effect）」と呼ばれるものがあります．これは1960年代半ばに，アメリカの大手コンサルティング会社であるボストン・コンサルティング・グループ（Boston Consulting Group）が研究，定式化して広く知られるようになったものです．企業の製品の累積生産量が倍増するごとに，製品の単位あたり製造費用が一定の率で低下する現象をさします．グラフでは，横軸に累積生産量を対数目盛で取り，縦軸に単位あたり製造費用をこちらも対数目盛でとった平面上で，右下がりの指数方程式直線として示すのが一般的です．経験曲線の発見は，今日の経営戦略論の形成にもっとも大きなインパクトを与えた発見といっても過言ではないでしょう．

　歴史的に見ると，経験曲線の概念の発端は，生産現場で作業員の習熟度が高まるにつれて生産効率が上がる学習効果を基礎とするものです．1936年にライト（T. P. Wright）が，アメリカ航空機産業で累積生産量が増加すれば単位あたり労働時間が減少する傾向に着目して，製造原価見積と価格設定を行うことを提案したのが理論化のはじまりといわれています．この考え方は，第二次世界大戦中にアメリカ産業界に広く受け入れられるようになりました．

　ただし，ボストン・コンサルティング・グループのいう経験曲線は，学習効果だけでなく，分業の見直しと職務の専門化，作業方法や製造工程の改善や開発，生産設備の能率向上，経営資源配分の見直し，製品や部品の標準化や設計改良など，広範な経営努力の総和によって製品の単位あたり製造費用が低下することを述べています．このような経験曲線効果は，さまざまな分野で観察されます．ハイテク製品でもローテク製品でも，あるいは消費財でも生産財でも，

製造業でもサービス業でも，新製品でも成熟商品でも見られる普遍的な現象だといわれています．

前述の規模の経済が，作業規模の拡大に投資するという意味で，一時点の静態的効果を論議していたのに対して，この経験曲線効果は意識的なコスト削減努力の成果であり，動態的効果で将来予測可能であるという特徴があります．つまり，規模の経済の論議だけでは，ある製品を 10 万台まとめて生産した際に原材料や部品を安く買い叩き，生産設備もフル稼働状態だったために製造費用が低くおさえられたからといって，次に 1,000 台だけ増産しようとしても同じ製造費用ではできないことになります．

しかし，経験曲線効果の論議では，累積生産量が 5 万台目と 10 万台目のときの製造費用をもとに，20 万台目，40 万台目を製造しているころにはこの程度の製造費用になっているはずだ，という予測ができるわけです．経験から得られる人間の才能，英知，技術，器用さなどの結晶が持続的なコストダウン効果を生んでいるのです．

ただし，両者は密接に関係しており，現実的には大量にまとめて手配し，製造した場合，規模の経済も作用すると同時に累積生産量も増加するわけですから，コストダウンのうちの何割が規模の経済に依存したもので，何割が経験曲線効果によるものかを正確に識別するのは困難ともいえます．

5.5 経験曲線効果の定式化

経験曲線の定量モデルの一般式は，

$C_n = C_1 \cdot n^\lambda$

C_1 ：最初に製造された製品の単位あたり製造費用

C_n ：第 n 番目の生産の単位あたり製造費用

n ：累積生産量

λ ：学習率を log2 で割った値

で表すことができます．

これをグラフで示すと，横軸に累積生産量，縦軸に単位あたり製造費用をそれぞれ対数目盛でとった場合に，右下がりの直線となります（図 5.2）．半導体などは，このモデルにきわめてよくあてはまるといわれています．

このグラフからは，実に多くの示唆を得ることができます．今仮に，非常に極端な例をもとに考えてみましょう．

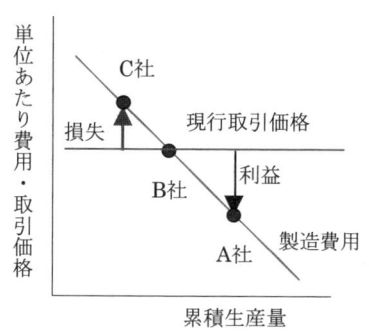

図 5.2　経験曲線効果

ある業界で，A 社，B 社，C 社の 3 社が代替性のある，似通った製品をつくっており，図 5.2 のような経験曲線効果が作用しているとします．A 社の累積生産量はきわめて多く，それに伴って製造費用も低減しており，次いで B 社，C 社の順で，累積生産量が減り，製造費用が上昇してきます．ここで，累積生産量が多いということは，その企業の製品が市場に広く浸透し，マーケット・シェア（Market Share）が高いことを意味します．もし 3 社の製品が図のような取引価格水準で取り引きされているとすると，マーケット・シェアの大きい A 社は黒字であるのに対して，B 社は収支トントン，マーケット・シェアの小さい C 社は赤字ということになり，3 社の業績はマーケット・シェア以上に優劣の差が出てきます．つまりマーケット・シェアの最大の企業が，最低の製造費用と最大の利益率を得るため，業績の差がますます広がっていくことになります．

このように，経験曲線効果は「強いものはますます強く，弱いものはますます弱く」という，弱肉強食の市場競争原理を，もっとも端的に表しているといえます．そのため，業界のトップに立とうとする企業は，いかにして経験曲線効果を他社に先駆けて発揮できるようにするかを考えることになります．日本の大企業の多くが，マーケット・シェアの獲得に異常なまでにこだわる理由がここにあります．

かつて，この経験曲線効果を先取りした戦略的価格付けで有名になった企業

が，アメリカのテキサス・インスツルメント（TI）です．同社は，半導体，電卓，デジタル時計などの事業に参入する際に，近い将来達成できるであろう累積生産量に応じた安い製造費用を想定し，それに従った安い価格を顧客に提示して，販売数量を一気に拡大しました．

さらに，市場の成長に合わせて当該製品を再三値下げして，新規需要を喚起し，累積生産量を増していくという，ポジティブ・スパイラルを形成して，他社を圧倒し，市場を席巻する方策を取りました．TIの戦略は，市場が成長過程にある間の中期戦略としてはうまく機能していましたが，成熟期にさしかかり，累積生産量が倍増するのに時間がかかるようになってくると，コストダウンの原資がなくなるため，長期戦略としては必ずしも成功とはいえません．

5.6 経験曲線効果と競争地位

1つの業界内にいくつもの企業が参入している場合，保有する経営資源やマーケット・シェアなどに応じて，業界内での立場の違いというものが生じてきます．立場に応じた競争戦略のパターン化のためには，リーダー，チャレンジャー，ニッチャー，フォロワー（Leader, Challenger, Nicher, Follower）という4類型に分ける考え方が主流になっています．アメリカの著名なマーケティング学者のコトラー（P. Kotler）は，マーケット・シェアをもとにこれを提唱し，慶應義塾大学の嶋口充輝教授は，経営資源の質と量という尺度で分類しています．

嶋口流に考えると，リーダーとは「量的経営資源にも質的経営資源にも優れる企業」をさし，一般には業界内で卓越したマーケット・シェアを有し，価格決定権や技術的な方向付けを行う立場にあります．次にチャレンジャーは，「量的経営資源には優れるが，質的経営資源がリーダー企業に対して相対的に劣る，ないし異質な企業」をさし，リーダーの地位を脅かそうとする立場の企業となります．

ニッチャーとは，「質的経営資源には優れるが，量的経営資源がリーダー企業

第 5 章　競争の規定要因と経験曲線効果　59

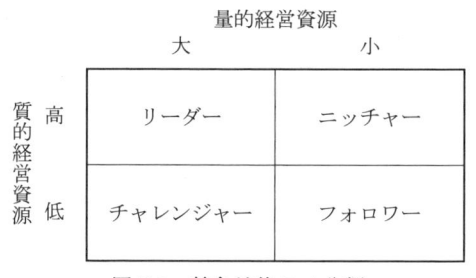

	量的経営資源	
	大	小
質的経営資源　高	リーダー	ニッチャー
質的経営資源　低	チャレンジャー	フォロワー

図 5.3　競争地位の 4 分類

（出典）　嶋口充輝:『統合マーケティング』，日本経済新聞社，p.99，1986 年．

に対して相対的に劣るような企業」をさします．ニッチとは本来，すき間とか壁のくぼみをいい，リーダー企業の進出しがたい狭い分野に絞って強みを発揮しようという企業が該当します．フォロワーとは「量的経営資源にも質的経営資源にも恵まれない企業」をさし，業界内では下位の企業群をいいます（図 5.3）．

　リーダー企業は，業界内でもっとも経験曲線効果の先行した企業であり，そこから生まれた製造費用の低さ，ないし利益率の高さをもとに，業界内での主導的地位をさらに強固にしようと考えるでしょう．経験曲線効果を中心に考えていくと，累積生産量にもとづいたリーダーの強さは盤石で，他の企業がそれを脅かすことはきわめて困難であるように思えてくるものです．しかし，逆転劇は必ずしも不可能ではありません．ただし，リーダー以外の企業は，いかにしてリーダーの持つ経験曲線効果の呪縛から逃れるかを必死に工夫する必要があります．

　たとえばチャレンジャー企業は，リーダーと低価格化競争をしても優位に立てないのであれば，逆に付加価値の高い要素を製品に加えていくか，あるいはまったく別の要素技術による製品で世代交代を実現して，これまでのリーダーの経験曲線効果を無意味にすることなどが考えられます．ニッチャーはリーダーの進出しがたい特定分野に的を絞って経営資源を集中し，ビジネスの橋頭堡を築く必要があります．フォロワーも製造費用の面では優位に立てなければ，

販売管理費や，間接部門費などを大幅に圧縮することで，製品価格全体での低価格化を実現することが求められるでしょう．

このように，経験曲線効果で圧倒的に先行するリーダー企業に対して競争を挑み，成功を収めた例は，私たちの身近でも見ることができます．代表例の1つが，トヨタ自動車をはじめとする日本の自動車産業です．

第4章で述べたとおり，アメリカで大衆車T型フォードの量産を開始したのは1908年です．日本で国産車の量産がはじまったのは1930年代からで，この時点でアメリカでは自家用車の世帯普及率が80%を超えており，買い換え・買い増し需要が中心の成熟産業となっていました．その意味でいえば，日本の自動車メーカーは出発時点ですでにゼネラル・モーターズやフォードなどのアメリカ企業と経験曲線効果の面で圧倒的なハンディキャップを負い，さらに第二次世界大戦で壊滅的な打撃を受けました．にもかかわらず，日本の自動車産業が戦後大きく発展し，コスト競争力も高めていったのは，トヨタ自動車のジャスト・イン・タイムに見られるとおり，製造面で徹底的にムリ・ムダ・ムラを排除して，ローコスト化を実現したからです．したがって，経験曲線効果をどのように利用するか，あるいは相手の経験曲線効果にどのように対抗するかが，競争戦略を考えるうえで，きわめて重要な事項となるのです．

【演習問題】
① 銀行業界を例に，各行をいくつかの戦略グループに分類し，それぞれの戦略グループの企業行動の特徴を述べなさい．
② 規模の経済と経験曲線効果の違いを説明しなさい．
③ ハンバーガーショップチェーンの主要企業を6社以上取り上げ，競争地位の4類型に即して分類し，それぞれの企業行動の特徴を述べなさい．

第6章　製品ライフサイクルと顧客の分析

　製品市場の消長は，人間の一生にたとえて考えることができます．製品市場の「一生」ともいうべき，誕生から衰退までのプロセスを，製品ライフサイクルといいます．充実した生涯を過ごすには，幼年期，青年期，壮年期，老年期で，それぞれなすべきことが異なるように，製品市場でも，それぞれの時期に応じて，戦略のあり方も変化してきます．これは，繰り返し消費する日用品より，耐久消費財などで顕著です．時間の経過とともに，市場や顧客がどのように変化するのかという分析は，競争戦略論や，マーケティング論でも，たいへん重視されている事項です．

　第6章では，製品ライフサイクルを中心に，事業戦略の組み立て方を考えてみましょう．

6.1　製品ライフサイクルの区分法

　事業戦略を組み立てるうえで，今製品ライフサイクル上のどのような段階にいるのかによって，取るべき戦略は異なってきます．ただし，製品ライフサイクルをいくつに区分してパターン化するのがもっとも適切なのかについては，定説がありません．これまで，多くの研究者によって，3つから6つまで，さまざまな区分法が提唱されてきたようです．ここでは，アメリカの著名なマーケティング学者コトラー（P. Kotler）らの提唱する，導入期・成長期・成熟期・衰退期の4区分法に従って説明したいと思います（図6.1）．

↑金額

売上

市場の成長率

利益

↑成長率(%)

残存者利益

→時間

導入期　成長期　成熟期　衰退期

図 6.1　製品ライフサイクル

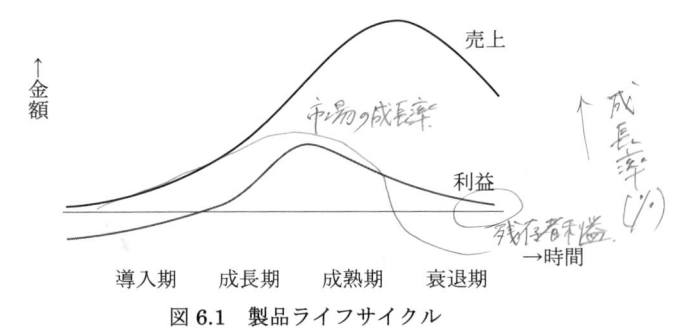

（出典）　P. コトラー：『マーケティングマネジメント（第 4 版）』，プレジデント社，p.222, 1983 年.

　一般的に見て，新しい製品市場が誕生し，衰退していく製品ライフサイクルの時間の経過とともに，売上や利益は図 6.1 のように変化していきます．まったくの新製品がはじめて市場に送り出される導入期には，まだ製品の知名度・認知度も低いため，あまり多くの数が売れず，成長もゆっくりとしています．宣伝広告も，とにかく製品の認知を高めるような啓蒙的なものが中心で，先行投資もかなり必要なために赤字となります．

　時間の経過とともに，製品もだんだんと市場に浸透し，売上も加速度的に伸びてくると成長期と呼ばれます．この時期には，製品の便益も世の中に知られるようになり，それに伴って参入企業も増え，販売価格も手頃になってきます．そのため，いかに自社ブランドを顧客に浸透させるかがカギとなります．この時期に優位に立てば事業も黒字化して，さらに累積損も一掃できることになります．成長期の中でも特に前半の，市場が急速に拡大する時期を「ブーム期」と呼び，この期間に最大のシェアを得た企業が，経験的に製品ライフサイクル全体でもっとも大きな利益を得るといわれます．

　製品が顧客にかなり行き渡り，売上の伸びる勢いが弱まってくると，成熟期に入ったといわれます．参入企業数も多いのに成長が鈍ってくるため，過当競争が発生し，値崩れから利益率が悪化します．この時期には，製品について誰でもよく知っているようになるため，価格のみが訴求点になりがちです．ディスカウント・ストアなどで，赤札を貼った段ボール箱を山積みにして売られる

ようになるのも，この時期です．

さらに時間の経過とともに，製品自体が，時代のニーズに合わなくなる，あるいはもっと魅力のある新製品に世代交代するようになると，売上が減少しはじめ，衰退期と呼ばれます．この時期には，撤退企業も増え，売上も先細り感が強まります．この時期に市場に残った企業の活動は，新たに知名度を上げて，新規顧客を獲得するのではなく，愛用者をしっかりつかむことが中心となります．この時期に多くの愛用者を囲い込んで，業界内で優位に立っている場合には，宣伝広告費もそれほど必要ではなく，設備投資も不要で，減価償却が済んでいることも多いため，それなりに利益の出ることが少なくありません．このような利益を，残存者利益と呼んでいます．

製品ライフサイクル上の各時期の特徴と，その際にとるべき戦略をまとめると，表 6.1 のようになります．

表 6.1 製品ライフサイクル上の時期の特徴と取るべき戦略

	導入期	成長期	成熟期	衰退期
売上高	低水準	急速上昇	緩慢な上昇	下降
利益	僅少	最高水準	下降	低水準
キャッシュフロー	マイナス	緩和	高水準	低水準
顧客	革新者	マスマーケット	マスマーケット	遅滞者
競争	ほとんどなし	増加	競争業者多数	減少
戦略の焦点	市場の拡大	市場での浸透	シェアの防衛	生産性
マーケティング支出	高水準	高水準	低下	低水準
戦略の強調点	製品の認知	ブランド選好	ブランドロイヤリティ	選択的
流通戦略	未整理	集中・強化	集中・強化	選択的
価格戦略	高水準	低下	最低水準	上昇
製品戦略	基礎的	改良	差別化	合理化

（出典）大滝・金井・山田・岩田：『経営戦略』，有斐閣，p.64，1997 年．

6.2 製品ライフサイクルの時間軸

前述のような製品ライフサイクルが存在する場合，市場導入を開始してから，衰退期までどのくらいの時間を要するのかは，事業戦略を考えるうえで重要な

事項といえます．1980年代の半ばに，「会社の寿命30年説」が唱えられ，経営者やサラリーマンの間で大きな反響を呼びました．1つの製品市場にもとづく事業にとって，誕生してから利益を生み，さらにその利益を食いつぶすまでの期間というものが，経験的にほぼ30年程度であり，その間に本業以外で有力な新規事業を育てられなかった企業の命運は，それとともに尽きる，というものです．たしかに，企業の栄枯盛衰は激しく，20年，30年前の花形企業が，今日すっかり衰退あるいは消滅してしまっていることも珍しくありません．その観点からすると，だいたい30年前後というのが，1つの目安といえるようです．

しかし，実はこれも製品分野によって大きな違いの出るものともいえます．第4章で述べたように，乗用車は世界的に見た場合，19世紀の終わりに市場導入され，1908年に歴史に残る大ベストセラー車「T型フォード」を発売してから成長期に入り，1920年代半ばから今日までずっと成熟期が続いていると考えることもできます．日本国内で考えても，たとえば，カラーテレビが登場したのは，1960年代の初めであり，世帯普及率は1970年代初めに50％を超え，1978年に97％を超えて，その後ずっと横ばい状態が続いています．導入期から成熟期までの期間は「会社の寿命30年説」とほぼ同じペースですが，その後今日まで，四半世紀にわたり成熟期が続いているわけです．テレビでは，ビデオ入力とか，音声多重放送とか，BSとか，製品のイノベーションを次々と起こすことによって，ライフサイクルを超えて，製品が市場で生き延びていると見ることができます．

一方で，数年のうちに導入期から衰退期を迎えてしまった製品市場もあります．最近の例では，PHSなどがこれにあたるでしょう．廉価で手軽に使えるという特徴から，高校生や大学生を中心に普及したものの，もっと魅力のある携帯電話も廉価になったために，顧客の関心が移行してしまいました．今日では，データ通信などの特徴で，いかに愛用者のPHS離れを防ぐかがカギとなっているわけです．

6.3　顧客の時系列的分析

　コトラーと並んで，今日のアメリカのマーケティング学者の双璧をなすアーカー（D. A. Aaker）は，事業の前提として，顧客は誰なのか，顧客は何によって動機付けられるのか，顧客の満たされないニーズは何か，ということを明らかにする必要があると論じています．ただし，顧客の分析のフレームワークにも，さまざまなものがあります．中でも，ある一時点で市場の中に分布する顧客を，いくつかの部分集合に静的に分析するセグメンテーションという考え方と，時間的変化に従って，購入者や採用者の質がどのように変化するか動的に分析する採用者カテゴリーの考え方が代表的です．ここではまず，製品ライフサイクルと密接な関係のある，採用者カテゴリーについて考えてみましょう．

　この採用者カテゴリーは，アメリカの社会学者ロジャース（E. M. Rogers）によって提唱されたものです．イノベーションにもとづいた画期的製品が世の中に普及していくプロセスを見ると，比較的早く購入する人もいれば，なかなか購入せず，周囲のほぼ全員が購入してからようやく購入する人もいるでしょう．これは必ずしも，収入の多寡とは比例しません．むしろ，「好奇心旺盛な新しいもの好き」とか，「何ごとにも保守的で慎重」などのパーソナリティに依存します．

　そこで，新製品の市場導入に関して，時間軸をグラフの横軸に取り，単位時間あたりの新規採用者の出現頻度を縦軸に取って，時間軸上の分布としてとらえると，最初のうちは新規採用者の数が少なく曲線が寝ており，時間の経過とともに世の中に製品がよく知られるようになり，新規採用者数が急速に増えて曲線が立ち上がり，また普及がかなり進むと新規採用者自体の人数は徐々に減って右下がりとなり，最後は再び0に漸近することになります．もちろん製品ごとに普及の速さには違いがありますが，時間軸を調整すると，ほとんどの製品が同じような形の曲線に重なります．

　このように，新規採用者の分布は，採用時刻の平均値を中心に左右対称な正規分布のような形になり，きれいな釣り鐘型の曲線として示されるはずです．

さらに，この採用者頻度曲線を積分したものが，世帯普及率曲線になり，最初は曲線が寝ていながら，普及の進展とともに急速に立ち上がり，全体の半分を超えるころから，また普及の伸びがだんだんとゆるやかになり，最後は一定値に漸近する形であり，アルファベットの「S」の字を横に引き延ばしたような形から，S字型曲線，あるいはロジスティック曲線と呼ばれます．ロジスティック曲線モデルは，伝染病の流行などにも応用され，疫学モデルと呼ばれることもあります（図6.2）．

新規採用者が正規分布していると仮定すると，その標準偏差を求めて，新製品の採用が早いか遅いかを，偏差値の形で論じることができます．統計学的なモデルでは，正規分布の場合，平均から標準偏差の2倍以上早い段階で採用した人，言い換えれば採用偏差値70以上の人は，全体の2.5%存在します．さらに，平均から標準偏差の1倍から2倍までの早い段階で採用した人，言い換えれば採用偏差値60から70までの人は，全体の13.5%存在します．平均から，標準偏差までの早い段階で採用した人，言い換えれば採用偏差値が50から60までの人は，全体の34%存在します．同様に，平均から標準偏差まで遅れて採用した人，つまり採用偏差値が50から40までの人も全体の34%存在し，残りの採用偏差値が40未満の人は全体の16%存在します（このような偏差値と

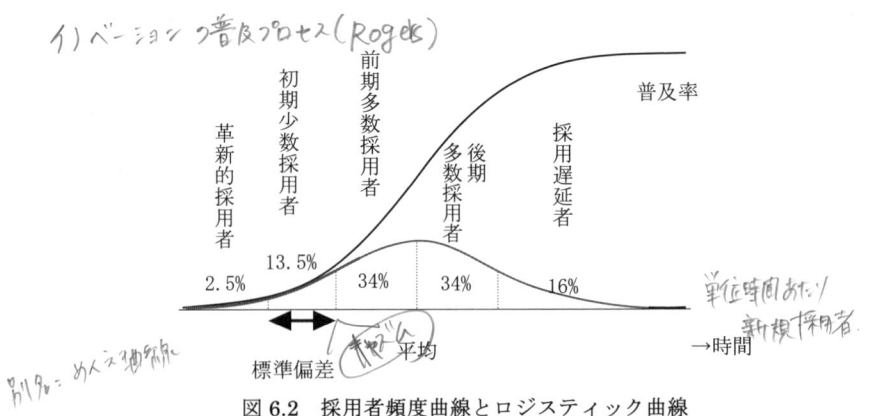

図6.2 採用者頻度曲線とロジスティック曲線

（出典）E.M.ロジャース：『イノベーション普及学』，産能大学出版部，p.350，p.356，1990年，図7.1，図7.2をもとに作成．

構成比の関係は，正規分布の基本的性質から導かれるもので，調査対象によらず一定です）．

　ロジャースは，偏差値70以上の2.5％の人たちを革新的採用者（Innovator），偏差値60から70までの13.5％の人たちを初期少数採用者（Early Adopter），偏差値50から60までの34％の人たちを前期多数採用者（Early Majority），偏差値50から40までの34％の人たちを，後期多数採用者（Late Majority），最後の16％の人たちを採用遅延者（Laggers）と名前をつけています．さらにロジャースは，実にさまざまなイノベーションの普及するプロセスを実地調査した結果，このように分類した人々の層ごとに異なる特性が見出せることを明らかにしました．

　革新的採用者は，冒険心が強く，技術的知識もあり，リスクを負えるだけの経済的豊かさもあるが，周囲への影響力が乏しい，といわれます．次の初期少数採用者は，地域のオピニオンリーダーとして，周囲への影響力はもっとも大きいとされます．また，前期多数採用者は，慎重をよしとする価値観を持ち，さらに後期多数採用者は猜疑心が強く，最後の採用遅延者は伝統を重んじ変化を嫌う，という特徴があるといいます．

6.4 モデルの意味と精緻化

　ロジャースの研究は，多くの示唆を私たちに与えてくれます．たとえば，音響映像機器などの耐久消費財の市場では，最初に購入する層はかなりオタク的なマニアが中心で，市場への出荷が100万台を超えるあたりから地域のオピニオンリーダー層に浸透する場合が多いのですが，100万台は全国の世帯数約4,500万世帯の2.2％にあたり，上記の特徴とよく一致します．そのため，普及の進展に合わせて，商品企画の主対象を変更したり，宣伝広告の訴求点を変えていくことが求められます．

　たとえば，市場導入期には，製品の持つ技術的な斬新さを前面に押し出し，製品のカットモデルなどを多用してメカニックなカタログを用意した方が，マ

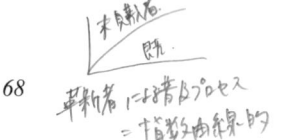

ニアの心をとらえるかもしれません．また成長期には，むしろお茶の間に親しまれやすいタレントなどを起用して，生活が豊かにすばらしいものとなるようなブランドイメージを作り出すほうが，有効となるでしょう．このように採用者の変化を予測することで，事業戦略にメリハリをつけることが可能となるのです．

ロジスティック曲線モデルは，単純でありながら示唆に富む点で魅力的なのですが，常に変曲点が上限値の50％に固定され，グラフも対称形で固定的です．そのため，ロジスティック曲線モデルに修正を加えたモデルが，いくつか提唱されています．その中でかなり知られているのがバース（F. Bass）のモデルでしょう．バースは，採用者をマスメディアなどの外的影響により，自ら採用を行う革新者と，既存の採用者からの口コミなどの影響により，採用を行う模倣者の2つに分類しています．この場合，革新者がきわめて少なく，ほとんどが模倣者であればロジスティック曲線モデルと一致し，逆に模倣者がいない場合には放物線状の普及曲線を描きます．

6.5　顧客のセグメンテーション

採用者のカテゴリー分析が，顧客層のダイナミックな変化をきわめてマクロ的に把握しようとするのに対して，それぞれの時点においても，顧客を何らかの基準で部分集合（セグメント）に分類し，ミクロ的に把握しようとするのが，次に述べる市場細分化，すなわちセグメンテーションの基本です．ちなみに，コトラーはセグメンテーションを「市場をいくつかの顧客別の部分集合に分割すること」と定義し，一方，アーカーは，「ある競争戦略に対して，他の顧客グループとは異なった反応をする顧客グループを識別する」ことと説明しています．

実際の例で考えてみましょう．たとえば，大手自動車メーカーは，次々と新車を発表します．大きくて値段の高い高級車もあれば，小型で手頃な大衆車もあります．2人乗りのクーペスタイルのスポーツカーもあれば，多人数で乗れ

るワゴン車もあります．同じ車種でもエンジンの排気量や内装によっていくつものグレードに，さらに細かく分かれています．しかし，1908年にヘンリー・フォードが「T型フォード」を発売したときには，このようなバリエーション展開はありませんでした．単一車種に限定し，色さえも黒一色に統一したからこそ大量生産でコストダウンが可能となり，多くの顧客に支持されたのです．

　ではなぜ，現在ではこのように多くの種類の車を作り分けているのでしょうか．それは高級車を欲しいと思う顧客と，大衆車を欲しいと思う顧客はまったく別である，あるいはクーペを必要とする顧客にはワゴンなど無用の長物であるし，ワゴンを必要とする顧客にクーペのニーズはない，と考えるのが常識化しているからです．つまり，顧客をさまざまなニーズを持ったグループに分けて考えることができ，1種類の製品ですべてのニーズを満たすことができないと考えているのです．世の中でまだ自動車が一般家庭に普及していない時代，つまり導入期や成長期の入口にあたる時期には，製品の便益が十分に市場に浸透しておらず，「T型フォード」ではじめて一般大衆でも手の届く価格で充分実用的な性能を持った車が登場したという状況では，顧客はとにかく車が手に入ったことだけで満足感を感じたわけです．

　しかし，今日のように買い換え・買い増し需要が中心となり，誰もが車の便益というものを熟知している成熟期には，市場規模全体が極大値に近いため，その部分集合でさえかなりの大きさを持っており，部分集合ごとの満足感を高める必要が生じるのです．このように，セグメンテーションは，顧客グループとそのニーズの差異を意識した市場からの発想であり，どちらかというと，市場規模が大きくなる成長期以降に重視しなければならない事項です．

　部分集合としてのセグメントを成立させる条件は，以下の5つとなります．

　　① 類似性がある
　　② 測定可能である
　　③ 特定のマーケティング政策で接近可能である
　　④ 十分な市場規模がある
　　⑤ 競争に対して防衛可能である

具体的な例をもとに考えてみましょう．第4章でも触れたように，1920年代にゼネラル・モーターズのアルフレッド・スローン（A. P. Sloan）は，T型フォードを中心として大きなシェアを得ていたフォード・モーターズに対抗するために，製品のフルライン化を考案しました．つまり，乗用車市場の規模が，T型フォードの市場導入期と比べものにならないくらい大きくなり，買い換え・買い増し需要が中心となり，成熟化してきたことに合わせて，1つの車で一般大衆のすべてのニーズを同じように満足させることは不可能と考えたのです．そのため，生産車の基本モデルを，以下のように6つの車種と価格帯に整理しました．

- シボレー（$450〜600）
- オールズモビル（$600〜900）
- ポンティアック（$900〜1200）
- 4気筒ビュイック（$1200〜1700）
- 6気筒ビュイック（$1700〜2500）
- キャデラック（$2500〜3500）

さらにその中で，クーペやツーリングカーなどの車種を増やし，カラーバリエーション展開もはじめました．世の中には，ほどほどの大きさとほどほどの仕様でよいから，手頃な価格の大衆車が欲しいという人もたくさんいるのと同時に，価格が高くても構わないから大きくてゴージャスな高級車が欲しいという人も結構いるわけです．大衆車を必要とする人には，割賦販売制度や下取り制度が効果的なセールスポイントとなるでしょうし，高級車を欲しいと思っている人には，いかに高性能で乗り心地がよいか，いかにアフターサービスが充実しているかなどが重要なセールスポイントとなるでしょう．大衆車の対象顧客と高級車の対象顧客とでは，ニーズが異なると同時に，彼らへのアプローチの方法も異なっているのです．

スローンは顧客をまず価格帯，言い換えれば車に投入できる可処分所得の大きさという測定可能な尺度によって6つのセグメントに分けて，それぞれに最適な車を用意して，最適なアプローチを取り，フォードと市場地位を逆転させ

たわけです．このように市場をいくつかのセグメントに分けて，そのすべてに対応した製品を投入することを，フルライン化戦略といいます．これは彼自身がいったとされる，「どんな人の財布にも，どんな目的にもかなった車」という言葉に端的に表れています．

つまり，ヘンリー・フォードは，単一車種の大量生産で「作りやすい車」をビジネスの基本としたのに対して，アルフレッド・スローンは，セグメンテーションによるフルライン化で「売りやすい車」をビジネスの基本としたのです．ただ，市場全体をいくつのセグメントに分割するのが本当に最適であるか，というのは，きわめて難しい問題です．この場合もセグメント数を6としたのは，当時のゼネラル・モーターズがアメリカ各地の中小自動車会社を合併・買収して形成されたという社内事情を背景としており，5車種でも同様の成功を収めることができたか，あるいは7車種ならもっと大成功したのかは，「神のみぞ知る」世界となってしまいます．このセグメンテーションは，もっとも科学的な思考が要求されると同時に，もっとも創造的な思考も要求されるといわれるゆえんです．

6.6 セグメンテーションの基準軸

前述の例では，顧客の可処分所得を基準に乗用車市場を6つのセグメントに分けて考えてきたわけです．しかし，セグメントの基準は常に可処分所得なわけではありません．顧客を分類する基準には，さまざまな尺度が考えられます．競争の観点からすると，自社よりも優位に立つ他社と同じようなセグメンテーションを考えていては，永久に自社に有利にならず，自社の競争優位を生かせるような，別の形にしなければならないといえます．

コトラーらによると，製品市場をいくつかのセグメントに識別する際の基準軸は，まず顧客の人口統計的変数に依存するものと，顧客の生活様式に依存するものの2種類に大別されます．

まず，人口統計的変数に依存するものとしては，以下のような変数が代表的

です.

- 居住地域
- 都市の規模
- 人口密度
- 気候
- 年齢層
- 性別
- 家族数
- 家族ライフサイクル
- 所得
- 職業
- 教育程度
- 宗教
- 国籍
- 社会階層

一方,生活様式に依存するものとしては,以下のような変数が代表的です.

- ライフスタイル
- 性格(強迫的,社交的など)
- 購買機会(定期購入,特別機会)
- 追求便益(経済性,便宜性,威信)
- 使用者状態(定期的使用者,非使用者など)
- 使用頻度
- ロイヤリティ
- 購買準備段階
- マーケティング要因感受性

実際のセグメンテーションでは,これらのうちのなるべく少数の軸をうまく組み合わせ,自社に有利な形で市場の部分集合を浮き立たせるように分類します.

セグメンテーションには,以下に述べるように大きく3つの意義があるといわれます.

第1に,市場全体を対象とするマスマーケティングでは十分にニーズを満たすことのできなかった部分集合の市場が識別できるようになることです.たとえば自動車業界では,ここ数年間に乗用車的な色彩を強めた7人乗りの大柄なボディーのワゴン車がたいへん増加し,セダンから乗り換える人の割合が増えています.これまでの5人乗りのセダンや,7人乗りでも運転のしづらいライトバン・トラック系のボディーを持つワンボックス車では満たすことのできなかった部分集合が顕在化してきたことを示しているのでしょう.

第2に,セグメンテーションの結果として発見された,有望な市場に経営努力を集中すれば,限られた経営資源を有効に活用できるようになることです.

これまでお話してきたセグメンテーションは，全セグメントに対してそれぞれ別の製品を投入し，フルライン化を実現するための手段のように聞こえるかもしれません．しかし，現実にはそればかりでなく，経営資源が乏しく，フルライン化を実現できない競争劣位の企業に対しても重要なのです．むしろ中小企業などでは，限られた経営資源を一点集中し，事業の橋頭堡を築くために，どのような顧客を対象とするかの絞り込みが必要です．そのためにはセグメンテーションが必要となります．

第3に，セグメンテーションによって，従来とは違ったまったく新しい顧客層からなる潜在市場を発見し，新しい需要を創出する可能性があることです．この典型例は，男性用化粧品などに見ることができます．女性用化粧品市場というものがすっかり成熟化した今日，化粧品メーカーは男性用市場を重視せざるを得なくなっているのです．

6.7 ターゲット・カスタマの絞り込み

セグメンテーションの3つの意義の第2に示したように，市場全体から特定の一部分を抽出し，製品のもっとも主要な顧客のセグメントとした場合，それをターゲット・カスタマ（Target Customer）と呼びます．商品企画をまとめる場合にターゲット・カスタマをどこに設定するかで，製品コンセプトが大きく変化してきます．ここで注意すべきことは，製品コンセプトを明確に打ち出すためにはターゲット・カスタマの絞り込みが必要という点です．経験の少ない企画担当者は，製品を少しでも多くの顧客に買って欲しいと思えば思うほど，「このようなお客さんもいるはずだ．あのようなお客さんだっているに違いない」と，どんどん顧客層を広げて考えがちです．日本市場全体から探し出せば，どのようなタイプの顧客でも5人や10人はいるでしょう．それらをすべて包含しようとすると，製品コンセプトが非常に不明確なものとなりがちです．

たとえば，日本ロレアルがメイベリンブランドで発売している化粧品「ワンダーカールマスカラ」は，2カ月で百万本売れたヒット商品となりました．そ

れまで高級ブランドのマスカラが1本3,500円ほどだったのに対して，高校生でも手の出せる1,200円という手ごろな価格に設定し，この世代の女性に照準を合わせたテレビCMを集中投入して，さらに東京・渋谷を中心とした販売促進活動を行ったことが実を結んだものといえます．この場合，ターゲット・カスタマは女子高生に絞り込まれているわけです．しかし，手ごろな価格帯の化粧品であれば，実際の購入者の年齢層はもっと幅広いと考えられます．現実に，私の授業を受講する20歳過ぎの女子学生にも愛用者が複数います．おそらく，不況の時代に手ごろな価格帯の化粧品となると，もっと上の世代の顧客も無視できない人数がいると思われます．

では，この場合「購入者の年齢層は幅広く，中学生から高齢者まであらゆる世代の女性が顧客である」と考えるといかがでしょうか．現実の顧客層をほとんどすべて包含し得るとはいっても，このように漠然としたものであると，効率的な販売促進活動などはなかなか企画立案できません．ターゲット・カスタマを実際の購入可能者よりきわめて狭く，ピンポイントに絞り込むことによって製品コンセプトや販売促進計画を明確化でき，効率的なマーケティング活動が行えるはずです．

【演習問題】
① 製品ライフサイクルの特徴を述べ，これに対して経営戦略をどのように対応させるべきかまとめなさい．
② 自社の営む事業のターゲット・カスタマの決定では，何に注意すべきであるか，ターゲット・カスタマと実際に購入する顧客とはどのように違うのか，例をあげて説明しなさい．
③ あなたの身の回りにあるヒット商品を1つあげ，その商品のターゲット・カスタマがどのようなものであり，それに対してどのような販売促進活動を行っているかを調べて説明しなさい．

第7章　事業展開の仕組み

1990年代末から「ビジネスモデル」という言葉をよく耳にするようになりました．ビジネスという単語も，モデルという単語も，きわめて広い意味で用いられるため，これらを組み合わせた「ビジネスモデル」の意味も，かなりあいまいなものといわざるを得ません．論者によって，かなりニュアンスの違う場合もあるようです．大くくりにいって，事業を遂行するうえで，利益をあげるための仕組みや特徴的な構造を，モデルとして一般化したものをさすようです．

第7章では，この言葉に代表されるような，中長期的な競争優位を生み出す事業展開の仕組みについて考えてみましょう．

7.1　持続的な競争優位

ライバル企業と自社が市場で競争しているというときに，いったい私たちは何と何を比べて競争上の優劣を判断しているのでしょうか．おそらく多くの場合，両社の製品やサービスを比較していると思います．たしかに，製品やサービスの違いは，誰の目にも見えて理解しやすいものです．私自身，何年か商品企画の実務を担当してきましたが，企画会議でコンセンサスを得るには，ライバル企業の競合製品との機能や性能の差異を一覧表の形にまとめ，○×をつけて，各項目に○ばかりが並び，×がないような企画案とすることに注力しなければなりませんでした．

ただし，製品レベルの競争優位というものは決して長続きしません．競合製

品の情報をもとに同一価格帯で対抗製品を企画する際には，後から市場導入されるものほど，競合製品の機能や性能を上回り，相手の欠点を補う内容を盛り込むため，いわゆる「後攻有利」の原則が働きます．その結果，追い抜かれた企業はモデルチェンジを行い，相手の製品をさらに上回る内容を盛り込もうとして，果てしない新製品導入競争に陥ります．パソコンや携帯電話の分野では，このように激しい競争が現在も繰り広げられており，過当競争から，企業の体力勝負の消耗戦になりがちです．

つまり，製品やサービスの優劣は，その瞬間，瞬間の売上動向に少なからぬ影響を与えますが，製品ライフサイクルのような長期的なスパンで利益率を見た場合には，もっと別の要因が作用していることに気付くはずです．もちろん，機能・性能の面で，明らかに劣った製品しか持っていなければ優位に立てないことは事実ですが，技術的に優れた機能・性能を持った製品が必ずしもよく売れるとは限らないこともまた事実でしょう．人知れず消えていった「幻の名機」も枚挙にいとまがありません．

たとえば，トヨタ自動車と日産自動車は日本の自動車業界の黎明期からずっとライバル企業といわれ続けてきましたが，今日，両社の業績にはかなりの差がついています．トヨタの 2001 年 3 月期の連結売上は約 13 兆円，営業利益は 8,701 億円であるのに対して，同期の日産の連結売上は約 6 兆円，営業利益は 2,903 億円です．しかし，古くはセドリックとクラウンの CC 戦争，ブルーバードとコロナの BC 戦争，サニーとカローラの SC 戦争などといわれてきたように，両社の車種構成はきわめて似通っており，永年にわたり激しい競争を展開してきました．セダンを例にとれば，今日でも，上はセルシオに対するシーマから，下はヴィッツに対するマーチまで，それぞれの車種ごとに「競合車種」が対応しています．

では，日産の自動車は，トヨタの自動車の半分以下の商品的魅力しかないから売れないのでしょうか．おそらくそのようなことはないでしょう．それぞれの車を個別に眺めれば，完成度に決定的な差があるとは思えません．原材料費のレベルまで遡れば，同一クラスの似通ったグレードの車同士で，それほど大

きな違いもないでしょう．両社とも，全国にくまなくディーラー網が張りめぐらされていますから，どちらか一方が購入しづらい，ということも考えにくいと思います．にもかかわらず，業績にこれだけ大きな差が長期にわたって存在するということは，製品自体の差ではなく，製品の製造から販売やアフターサービスにいたるまでの，事業展開の仕組みの部分に根本的な原因があると考えられます．つまり，中長期的に持続する競争優位の源泉は，必ずしも目に見える製品そのものではなく，その裏側にあって，なかなか目には見えにくい事業展開の仕組みの部分にあると考えることができます．

7.2 事業展開の仕組みの違い

さまざまな業界では，その業界の特性に合わせた独特の事業展開の仕組みが生み出されています．また同じ業界でも，それぞれの企業の事業展開の仕組みには違いが見られます．製品が生まれ，顧客の手元に届き，寿命が尽きて廃棄されるまでには，研究開発，資材調達，製造，物流，販売，アフターサービスなどの直接的活動と，人事，経理，総務，全般的経営管理などの間接的業務が組み合わされて顧客に提供され，いわばその総体が製品の付加価値として認識されることになります．この事業展開の仕組みのことを，神戸大学の加護野忠男教授は「ビジネスシステム」という言葉で説明しています．

製品レベルの競争と比べると，ビジネスシステムにもとづく競争優位は持続するという特徴があります．前述のように，製品レベルの競争は目に見え，さらに発売後は誰でも購入してリバースエンジニアリングを行うことができるため，模倣が容易に行えます．これに対してビジネスシステムは直接目に見えにくく，全体としてのシステムを模倣するのが難しいこと，さらにある種のシステムは属人的な要素を持っており，誰でもが模倣できるとは限りません．この模倣困難性が，優位を持続させる理由となっています．

たとえば，ハンバーガー業界の市場規模は，2000年度で6,667億円で，大手チェーン店の寡占化が進んでいます．首位のマクドナルドのマーケット・シェ

アは 64.7％に達し，2 位のモスバーガーが 18.4％，3 位のロッテリアが 8.5％で，4 位以下を大きく引き離しています．

　マクドナルドとモスバーガーのビジネスシステムは大きく異なっており，きわめて対称的です．マクドナルドは日本ばかりでなく，世界最大のハンバーガーチェーンという特徴から，「規模の経済」の効果を最大限に発揮するシステムを完遂しています．世界中に張りめぐらされた情報ネットワークを活用して，現在もっとも安い食材を仕入れ，メニューや店舗設備を規格化して，大きな駅前など，できるだけ人通りの多い場所を中心に出店しています．調理や接客もマニュアルを定め，短期間で一通りの業務がこなせるようにして，販売方法も顧客からオーダーを聞いて，商品を渡し，代金を受け取るまでのリードタイムを短縮化して，顧客の回転率を高めています．さらに顧客の来店頻度を高めるために，テレビコマーシャルを増やし，子供向けのノベルティも揃えています．このようにマクドナルドのビジネスシステムは，大量生産・大量販売の「効率化」を追求するように，すべての構成要素のベクトル合わせが行われ，最適化されています．たとえば，あらかじめ一定量のハンバーガーをつくり置きしているのも，顧客へ商品を渡すまでの時間を最短とするためには必須のことといえます．

　これに対しモスバーガーは，マクドナルドと店舗数だけを比較しても国内では約半分，世界規模で見れば一割にも満たないわけで，マクドナルドのような規模の経済をねらうことはできません．そのため，ターゲット・カスタマを高校生・大学生に絞り，ボリューム感を増し，他のチェーンにはないメニューを次々と開発し，つくりたてのおいしさを演出することで，マクドナルドより高めの値段でも顧客に納得して購入してもらえるようにビジネスシステムを構築しています．この結果，どうしても商品の原価率がマクドナルドより高めになるため，商品の高付加価値化を優先し，それ以外の要素でローコスト化を図ることになります．モスバーガーの出店が駅前の一等地より，むしろ一本裏通りに入ったところや商店街から住宅地に変わるような二等地をねらい，平均店舗面積がマクドナルドより狭めで，テレビコマーシャルをほとんど行わず，ロコ

ミに頼るのもそのためです．さらにつくり置きをせず，注文を聞いてからつくる「バイオーダー」式にこだわるのも，つくりたてのおいしさという付加価値を演出するとともに，廃棄ロスを減らすためです．つまり，マクドナルドとモスバーガーは，同じハンバーガー業界の中で競争していながら，まったく別のビジネスシステムを持ち，それぞれに自己のシステムを最適化しているといえます．

この2つのビジネスシステムを比較するとき，たしかに現時点で見れば，企業業績の量的側面ではマクドナルドが優っているわけですが，どちらが「真に優れた」システムかを簡単に決めつけることはできないでしょう．世界一になることだけが理想ではない，とすれば，小さくてもきらりと光る高付加価値ビジネスという生き方も十分優れたものといえます．ただはっきりしているのは，首尾一貫せず最適化されていないシステムはうまく機能しないということと，一方から他方に乗り換えるのも非常に困難であるという点です．

7.3 ビジネスのモデル化

ビジネスシステムと，次に述べるビジネスモデルの明確な定義の違いというものは，よくわかりません．強いていえば，ビジネスシステムという概念が，具体的な業務プロセスの連鎖という意味合いが強かったのに対して，ビジネスモデルの方は，お金の流れを中心に考え，いっそう抽象化してモデル化したものを想定している場合が多いように感じられます．「ビジネスモデルとはMoney Making Machineである」と論じる人もいるくらいです．

慶應義塾大学の国領二郎教授は，ビジネスモデルを「ビジネスのデザインについての設計思想」と考えて，以下の5項目を明確に示す必要があると論じています．

　① 誰にどのような価値を提供し，利益を得るか
　② そのために経営資源をどのように組み合わせ
　③ その資源をどのように調達し

④ パートナーや顧客とのコミュニケーションをどのように行い
⑤ いかなる流通戦略と価値体系のもとで届けるか

　このように，ビジネスモデルの論議がさかんになってきた背景には，1990年代に入り，ビジネスを取り巻く環境が大きく変化してきたことがあげられます．20世紀初頭にヘンリー・フォードによって確立された，伝統的な大量生産・大量販売型のビジネスモデルの設計思想は，分業を進め，規模の経済による効率化とコストダウンをひたすら追求することに力点がありました．そのため，ある種の制度疲労を起こしています．1990年代のIT技術の発展，新しいロジスティクスの出現，国際的な競争条件の変化に伴って，これらを活用した新しいビジネスモデルが登場しています．その特徴は，以下のように大きく4つに分かれると思います．

　その第1は，仕事のスピードや在庫の回転率を向上させることによって，付加価値の増大と効率化を図ることです．これは，「規模の経済」と区別して「速度の経済」と呼ばれます．これを利用して効率化を図っている典型的な例は，コンビニエンス・ストア，受注生産方式のパーソナル・コンピュータ生産・販売，アパレル産業のクイックレスポンスシステムなどです．

　第2は，異なった業務をうまく組み合わせ，情報やロジスティックスの共通利用を図ることによって効率化を実現する，「組み合わせの経済」です．これを利用して効率化を図っている例は，宅配事業，ビデオレンタルなどです．この発想はさらにサプライチェーンマネジメントへと発展していきます．

　第3は，業務のアウトソーシングを通じて，効率化と仕事の質を向上させる「外部化の経済」という設計思想です．これはもともと日本の自動車産業で生み出されたものですが，1980年代末から「デザイン・イン」などという名称で欧米の企業にも導入されています．

　第4は，利益の源泉を「もの」ではなく，ソフトウェア，サービス，コンテンツなど目に見えない部分に求めることです．昔から「日本人は水と空気と安全とソフトは無料だと思っている」といわれてきました．そのため，いかに付加価値の高いソフトウェアやサービスなどを提供できるかが成功のカギとなり

ます．

7.4 ビジネスモデル特許

　電子商取引など，IT技術を活用した新しいビジネスモデルについての知的所有権を保護する特許のことを，ビジネスモデル特許（Business Model Patent）といいます（特許庁では「ビジネス方法の特許」といういい方をしています）．インターネットの普及により，ネットワークを利用した取引手法が次々に開発されていますが，1998年7月にアメリカにおいて，「『ビジネス方法』に該当するからといって直ちに特許にならないとはいえない」とする判決が出されたことなどを契機として，ビジネスモデル特許が注目を集めるようになりました．このような取引手法は工業製品などと異なり，コンピュータやネットワークそのものには技術的特徴が乏しく，同業他社の模倣が容易であることから，このような特許を出願する企業が増えています．

　この分野に詳しい霞が関国際特許事務所では，次のように説明しています（http://www.interzone.or.jp/~shiro/bmp.html より要約）．

　これまで話題となったビジネスモデル特許は大別して，従来からのソフトウェアで処理できる発明と，新しいお金儲けの構造の2つのタイプがあるようです．しかし，日本の特許法は，その保護対象である「発明」を，「自然法則を利用した技術的思想」と定義しており，いわゆるビジネスモデル特許も通常の特許出願同様に，物の発明，方法の発明，物の製造方法の発明のいずれかにもとづいて審査されます．したがって，この3つのいずれかに該当すると第三者を納得させられるかどうかが審査のカギとなります．

　前者の，ソフトウェアで処理できる発明については，アマゾンのワンクリック特許，凸版印刷のネット広告のマピオン特許などがこれにあたるでしょう．ソフトウェア特許自体は古くから存在していましたが，広告，流通，金融その他のサービス分野など，これまで特許制度との関係が希薄であった分野や業種においても，このような例が増えてきた点が新たな傾向です．したがって，従

来からのソフトウェアとして処理され，進歩性などの特許要件を満たせば権利が確定します．

後者の，新しいお金儲けの構造は，インターネットを介したオークションの方法や，投資家を探す方法などが代表的です．しかし，これらが特許権で保護されるかどうかは不透明です．現段階においては，審査基準も確立していないものが多く，不適正審査案件とされている発明もあります．特に，従来からのビジネスの進め方をインターネットで行った程度の発明については，特許性は低いと思われます．

では，日本の生んだ代表的なビジネスモデルであるトヨタ自動車の生産方式の「カンバン方式」が特許となるかについて考えてみましょう．「カンバン方式」とは，自動車組立ラインに必要なときに，必要な量だけ部品をメーカーから納入させるために，「カンバン」と呼ばれる伝票を用いて受発注を合理化した仕組みです．実は，トヨタ自動車は「カンバン方式」の核となる部分をすでに特許化して保有しています．たとえば，平成元年5月2日出願の特許第2881809号の「発注指示カードの管理方法」や，平成元年10月30日出願の特許第2956085号の「部品納入指示装置」などがそれです．しかし，これらは「カンバン方式」そのものではなく，コンピュータを用いた管理手法をさしています．つまり，ビジネスモデル特許というものは，現状ではコンピュータを組み合わせたもののみが権利化されているわけです．

一方，ネットワークを経由する場合は，国境を越えた商取引に関わることが多いため，国ごとに特許の取得要件が変わらないように，早急に明確な国際統一基準をつくるべきである，という声も高まっています．さらにこれまでも，日本では出願から特許取得まで早くても数年を要し，全般にアメリカなどより長いと問題視されているため，審査期間の短縮化が必要となるでしょう．

7.5　顧客に価値を届ける仕組み

ポーター（M. Porter）は，1985年に書いたベストセラー『競争優位の戦略』

の中で，価値連鎖（Value Chain）という概念を提唱しています．ポーターは企業内のさまざまな部門の活動を考えるフレームワークとして，事業や製品の価値は，部門間のコストを積み上げたものではなく，顧客が認知し，喜んで支払う対価の大きさに比例すると考えました．つまり，企業内のさまざまな活動の連鎖として，顧客に価値を届けるための仕組みとして構成されるべきだというものです．ポーターはこの価値連鎖を，図 7.1 のように示しました．

企業内のさまざまな活動を整理すると，顧客に価値を届けるための一連のつながりに直接的に関わってくるものと，それらを支援し，間接的に関わるものがあります．価値連鎖の中の主要活動とは，購買物流，製造，出荷物流，営業販売，サービスの 5 つであり，支援活動としては調達活動，技術開発，人事・労務管理，全般管理の 4 つがあります．これらの諸活動の連鎖の上にマージンを加えたものが，顧客の手元に届く際の価値として認知されるわけです．つまり，図 7.1 の左から右に向けてだんだんと価値を高めていくことになります．

購買物流とは，製品の製造に必要な原材料や部品などの運搬，入庫，在庫管理，輸送計画などに関する活動です．製造とは，最終製品を完成させるための組立，加工，梱包，検査などの活動です．出荷物流とは，完成した製品を顧客に届けるまでの集荷，配送，保管などの活動です．営業販売とは，広告，販売促進，営業，チャネル政策，価格決定など，顧客の購入を促し，購入の手段を

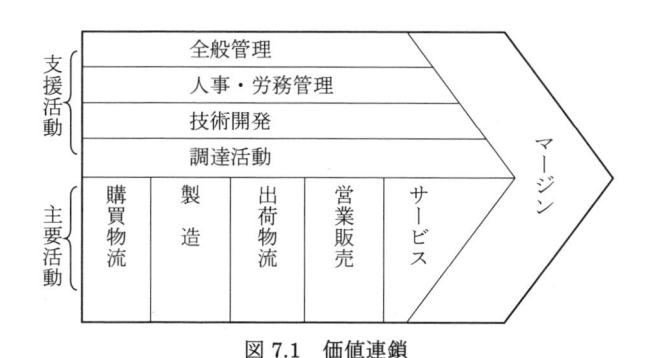

図 7.1　価値連鎖

（出典）M・E・ポーター（著），土岐坤，中辻萬治，小野寺武夫（訳）：
『競争優位の戦略』，ダイヤモンド社，p.49，1985 年．

提供するための活動です．サービスとは，販売後，寿命が尽きるまでの設置，修理，消耗品供給など，製品のライフタイム全体の付加価値を高めるアフターサービス活動です．

　これらの主要活動に対して，副次的に支援する活動の中で，まず調達活動とは，機械設備，建物などの購入に関する活動です．技術開発は，製品や工程の革新・改良に関する研究開発，商品設計などの活動です．人事・労務管理は，人員の雇用，育成，給与などに関する活動です．全般管理は，より広い視点から，企業の前者レベルでの計画立案，財務，経理，品質管理などの活動です．

　このような一連の価値創造活動を分析することで，競争相手の企業と比較して，どの活動に強みや弱みが存在するのかを認識し，価値創造活動を改善し，根本的に再構築することができます．

　たとえば，あるメーカーが自社の価値連鎖を分析し，自社の競争力の源泉は技術開発と営業販売にあることが判明したとします．その反面，自社の製造機能は弱体で，何ら戦略的優位性がないとします．このような場合，自社の価値連鎖の中でも，特に製造部分を第三者に外部委託することが合理的な判断として浮上するはずです．

　また，ポーターによれば，個々の価値創造活動のコストの主な決定要因を明らかにして，コストリーダーシップ戦略，差別化戦略，集中戦略のうちのどの基本戦略を選択すべきか，戦略的洞察が可能になるといいます．コストの主な決定要因としては，規模の経済，担当者の習熟度，生産能力利用のパターン，価値連鎖の連結関係，外部との連結関係，垂直統合のレベル，タイミング，自由裁量可能な政策，ロケーション，制度的要因などをあげています．

7.6　サプライチェーンマネジメント

　ポーターの価値連鎖の概念は，主に1つの企業の中でのさまざまな活動の連鎖を対象としていたわけですが，これをさらに発展させ，小売業者，卸売業者，メーカー，原材料・半製品の供給業者などの複数の企業にまたがった諸活動の

総和として顧客に価値を届ける仕組みを，サプライチェーン（供給連鎖）と呼びます．近年話題となっているサプライチェーンマネジメント（Supply Chain Management，略称 SCM）とは，サプライチェーン上にある複数企業の協力により，企業の枠を越えてサプライチェーン全体を管理することをいいます．

現在，市場全体が顧客主導型となり，顧客のニーズや市場構造の変化が加速しています．メーカーにとって需要予測が困難な時代となった今日，製品のつくり過ぎが過剰在庫を生み，経営を圧迫するケースが増えています．このような状況に陥る原因は，メーカーや卸売業者など，川上側の企業が顧客の購買情報や製品在庫情報を正しく把握できていないところにあります．そのため，サプライチェーンマネジメントは，サプライチェーン全体の情報共有により全体最適を目指します．これにより，サプライチェーンマネジメントは需要動向に迅速かつ柔軟に対応できる経営手法として注目されています．元来，サプライチェーンマネジメントは，サプライチェーンを構成する企業のロジスティクスの統合的管理からはじまりました．しかし現在では，生産管理やITの発展により，研究開発，生産，マーケティングなど，広範な機能の統合的管理が行われ，独自の理論化がなされてます．

サプライチェーンマネジメントを強化するうえで，製造から販売まで企業間の連携が不可欠です．戦略的同盟関係を結び，EDIや情報システムの標準化により情報共有を進めるケースも増えています．このようなケースでは，POS端末を活用して購買情報を発生時点でとらえ，本当に売れるものだけをピンポイント的に需要を予測し，受発注，在庫，配送，生産，調達など，サプライチェーン全体の流れを最適化することを目指します．

サプライチェーンマネジメントのねらいは，以下の6点に集約されるでしょう．

① 販売機会損失の最小化
② トータル在庫の削減
③ トータルリードタイムの短縮
④ ローコストオペレーションの実現

⑤　キャッシュフローの改善
⑥　市場の需要変動リスクの最小化

　サプライチェーンマネジメントを取り入れたビジネスモデルを構築して成功している企業の代表例が，アメリカのデル・コンピュータです．パーソナル・コンピュータは，製品の規格化・均質化が極端に進んでいるため，企業による製品の差異が出にくい業界です．その中で，デル・コンピュータのビジネスの特徴は大きく2つあります．第1に店頭売りをせず，ダイレクトマーケティングを行い，顧客の細かい注文に応じて納入仕様を決めるBTO（Build To Order）方式を採用しているところであり，第2には，資本関係のない多くの部品・半製品の供給業者とサプライチェーンを形成して，強力なパートナーシップによるバーチャルインテグレーションを実現しているところです．

　ダイレクトマーケティングの利点は，受注生産のため需要予測の読み違いからくるリスクを回避できる点と，顧客のニーズを早く，正確につかむことができる点にあります．デル・コンピュータでは顧客セグメント専門の部署を設置し，大口顧客などとの定期的なミーティングを行っています．さらに，顧客データベースを構築してワン・ツー・ワン・マーケティングを可能としています．

　ただし，BTOによるダイレクトマーケティングには大きな問題点があります．顧客は注文後，できるだけ早く製品を入手したいと考えるのが通例ですから，デル・コンピュータは受注から納品までの時間を極力短縮する必要があります．そのためには従来の考え方でいくと，十分な量の部品・半製品の在庫を持ち，最終組立工場の生産方式もきわめて柔軟なものにしなければなりません．この在庫を圧縮するために，デル・コンピュータは多くの供給業者とサプライチェーンを形成しているわけです．デル・コンピュータは，自社の得意分野に特化するためにサプライチェーンのアウトソーシング化を進めると同時に，常にその部品・半製品に関してもっとも優れた性能・品質を提供できる供給業者とパートナーシップを結び，密接な関係を強化して，ジャスト・イン・タイム生産を実現しています．その結果，受注から納品まで平均1週間程度といわれています．これにより，デル・コンピュータは1984年の創業以来，常に高い

収益性を確保しているのです．

【演習問題】
① 製品やサービスの競争と，ビジネスシステムの競争にはどのような違いがあるかを説明しなさい．
② マクドナルドとモスバーガーのように，同一業界に属する企業で，まったく異なるビジネスシステムを持つ企業を取り上げ，それぞれのビジネスシステムの違いを説明しなさい．
③ ポーターのいう「価値連鎖」とはどのようなものか，説明しなさい．

第8章　競争地位の逆転劇

　戦略を策定する者にとって，もっとも興奮し胸高鳴るような瞬間とは，競争地位の逆転を実現するときといえます．業界のトップ企業がその地位を維持するためにとるべき戦略は，誰が考えてもオーソドックスなものとなりますが，下位の企業が逆転を仕掛ける戦略は，策定者の個性がもっとも発揮されます．

　たしかに，第5章で述べた経験曲線効果に見られるように，市場競争原理とは「強い者がより強く，弱い者がより弱く」なるものであり，競争地位の逆転は容易なことではありません．しかし，明らかに不利な条件下から出発しながら，自ら考えた戦略に従って華麗な逆転劇を演出できれば，これこそ戦略策定者冥利に尽きるといえるでしょう．

　第8章では，このようなドラマの裏側を考えてみましょう．

8.1　製品技術の世代交代

　アナログからデジタルへの転換のように，製品を構成する基本技術の世代交代があるときこそ，競争地位の逆転が起きる大きなチャンスといえます．たとえば，今から30年以上前の理科系の大学生にとって，計算尺は必需品でした．しかし，その後の電卓の普及により計算尺は姿を消してしまい，さらにその電卓も，パソコンの普及により安価なポケット電卓しか見かけなくなっています．同様に，かつては公文書作成用に和文タイプライターが活躍していましたが，1980年代に日本語ワードプロセッサ専用機が登場すると，だんだんと姿を消

していきました．その日本語ワードプロセッサ専用機も，1989年のピーク時には出荷台数が約271万台に達したといわれましたが，パソコンの普及に従って，ついに2001年には全メーカーが生産中止を決定しています．

ここで注意したいのは，計算尺や和文タイプライターのトップ企業は決して同じ業界の二番手以下の企業に敗れたのではない，ということです．たとえばヘンミ計算尺という会社は，かつて国内で98%，世界でも70%以上の圧倒的シェアを誇っていましたが，その独占状態のまま計算尺という市場そのものが消滅してしまったために，現在ではプリント回路基板や産業機器に主力事業を転換しています．つまり，計算尺に改良に改良を重ねていっても決して電卓やパソコンにはならないように，計算尺の時代に培った経営資源が次の時代にそのまま役立つとは限りません．それどころか，古い世代のトップ企業ほどその成功体験が災いして，かえって新しい技術の導入に遅れをとることが多いようです．

製品技術の世代交代により競争構造が一変する例は，技術革新の激しい電機業界で顕著に見られます．特にハードウェアとソフトウェアのように，補完製品間の互換性を規定する技術規格が介在してくる場面では，標準となる技術規格を掌握できるかどうかで企業業績に大きな違いが生じ，業界のリーダー役の企業も変化します．

技術規格の標準化には，大きく2つのルートがあります．1つは「まず標準ありき」とする考え方で，公的な標準を定め，各社がそれを遵守することで市場を盛り立てていこうとすることです．このような標準は，デジュリ・スタンダード（Dejure Standard）と呼ばれます．さらに標準を制定する機関により，国際標準（ISO，IEEEなどが代表的），国家標準（JIS，DINなどが代表的），業界団体標準（JEITAなどが代表的）などに分かれます．

もう1つは「まず実績ありき」とする考え方で，市場で激しい競争を展開した結果，勝ち残ったものが実質的な標準となることです．このような「事実上の標準化」は，デファクト・スタンダード（Defacto Standard）と呼ばれます．ただし，デジュリ・スタンダードとデファクト・スタンダードは，はっきりと

二分できるものではなく，境界もあいまいです．特定企業の独自規格として提唱されたものでも，採用企業が増えるに従って公的機関に標準として提案され，認定されるケースも増えていますし，公的規格の場合でも，それを具現化するアルゴリズムの部分で，特許などの知的財産権が発生し，部分的なデファクト・スタンダード化が生じることもあるからです．

　このような技術規格のデファクト・スタンダード化プロセスの研究は，1980年代から盛んになってきました．事業の多様化・複雑化の結果，隣接分野との融合が進み，俊敏な意思決定と企業行動が求められるようになり，「まず実績ありき」のデファクト・スタンダードの重要性が認識されてきたためです．

　さらに，この背景には2つの大きな出来事があります．1つは，日本の家電業界全体を巻き込み，家庭用ビデオの主導権をめぐって繰り広げられた，いわゆる「ビデオ戦争」であり，もう1つは，アメリカのパソコン業界でIBM-PCが事実上の標準となりながら，提唱者のIBMではなく，マイクロソフトやインテルが業界の主導権を掌握してしまったことです．このように，ひとたび主流となる技術規格が決定すると，仮に他に技術的に優れたものがあったとしても容易に入り込むことのできなくなる状況を，「ロックイン現象」といいます．

　では，この2つの事例についてもう少し詳しく調べてみましょう．

8.2　ビデオ戦争とVHSの優位

　1970年代後半から1980年代前半にわたり，ソニーの提唱したベータマックス方式と日本ビクターの提唱したVHS方式との間で繰り広げられた「ビデオ戦争」こそは，日本の家電業界の歴史の中で，最大の事件といえるかもしれません．それは，ビデオの技術力ではもっとも優れていると誰もが思い，商品開発でも先行していたソニーではなく，業界では8番手と思われていた日本ビクターの提唱した方式が世界の主流となったからです．このプロセスの中で，のちに「ミスターVHS」と呼ばれた，VHS開発責任者の高野鎮雄氏（故人・元日本ビクター副社長）の優れたリーダーシップは，NHK総合テレビの『プロ

ジェクトX』(2000年4月4日放送分)でも取り上げられ,たいへん大きな反響を呼びました.そして,それがきっかけとなって,2002年6月に『陽はまた昇る』というタイトルで映画化されました.

　ベータマックスとVHSは,ともに1/2インチ幅の磁気テープをカセットに収納し,回転ヘッドでテープを斜めにヘリカルスキャンして画像信号を記録再生する点で,同一世代の技術といえますが,物理形状が異なるため,製品としての互換性はありません.1975年春に,先行するソニーがベータマックスを発売し,1976年秋に日本ビクターがVHSを発売しました.当時のソニーは,松下,日立,東芝,三菱など,幅広い製品群を持つ総合電機メーカーと比較して,製品ラインも音響映像分野のみに狭く限定されており,売上規模も特約店数も少ないため,技術的先進性でいかに他社との差別化を図るかが死活問題となっていました.つまり,当時のソニーはニッチャー的な競争地位にいたのです.その結果,ベータマックスでも「開発者利益を守る」ことが事業の橋頭堡を築く第1の課題だったわけで,先行企業にありがちな自社開発技術の閉鎖独占型の企業行動となったのです.

　これに対して日本ビクターは,当時家庭用ビデオの商品化を試みた家電メーカー8社の中では,資本金,売上,特約店数いずれも最小であり,さらにビデオ技術者の数も少なく,明らかにフォロワーの競争地位にいました.環境適合的な視点では,その日本ビクターが業界の主導権を握るチャンスはほとんどないように見えます.にもかかわらず,日本ビクターの提唱したVHSが標準となったのは,ひとえに戦略的企業行動の巧みさにあるといえるでしょう.一社独占がとうてい見込めない以上,後発のハンディキャップを克服するには業界内で多数派工作を行い,グループ全体のプレゼンスを高める必要があります.そのためには,同業他社に積極的に技術情報を開示し,試作機の無償貸出しなどを行う一方で,互換性を維持するために規格を厳守させなければなりません.VHSにはグループ各社の技術が盛り込まれている,といわれるのは,互換性を維持するために各社が技術を秘蔵することなく,「共同開発」の体制を構築できたからです.もちろん,企業の最終目的が利潤の追求にある以上,同じVHS

陣営内でも各社は互いに競争しています．しかし，「ベータマックスか？ VHSか？」という規格間の競争においては，陣営内で一致協力する必要があります．このような競争と協力のジレンマを克服できたことが，大きな成功要因となっているのです．

以上の結果，1978年には単年度シェアでベータマックスよりVHSが優勢になり，1980年には累積シェアでもVHSが逆転し，1980年代半ばにはソニーも含めてベータマックス陣営各社がVHSを発売したことで，「ビデオ戦争」にも終止符が打たれたのです．

8.3 IBM-PCからWintelへ

1970年代まで，コンピュータの歴史は常にIBMがリードしてきた，といっても過言ではないでしょう．大企業を中心に，基幹系の業務処理には大型汎用機が多用され，特にIBMは最大のシェアを誇り，信頼性を高めるために使用する部品やソフトウェアもすべて内製し，製品も直販する方針を取ってきました．その対極として，1970年代末からアメリカでは，家庭でのホビー用を中心にマイコンとかパソコンと呼ばれる小型機の市場が台頭し，この分野はアップルやコモドール，タンディなどの新興企業が中心でした．そのパソコン用に，ワードプロセッサや表計算などのアプリケーションソフトウェアが用意されてくると，ビジネスの場でも便利に使うことができるようになりました．特に小型で手軽なことから，大型汎用機とは別に簡単なシミュレーションなどを机上で行うエンドユーザーコンピューティングが，パソコンの魅力をきわめて高めたのです．

パソコン分野で出遅れたIBMは，劣勢を一気に挽回しようと，1980年に社内ベンチャー組織をつくり，この分野に参入しました．この社内ベンチャー組織では，短期日程で事業を立ち上げるために，従来のIBMとは正反対に，基幹部品や基本ソフトウェアなどを既存の定評のある外部企業から調達し，販売も代理店を経由して行い，さらに周辺機器やアプリケーションソフトウェアの

登場を促進するために，インターフェース部分の技術情報を開示する「技術リファレンスマニュアル」を付属させ，「オープンアーキテクチャポリシー」を採りました．

　1981 年に IBM-PC が発売された当時，『BYTE』などの専門誌はいずれも，「これといって新しいところのない，平凡なパソコン」と評しました．頑丈な筐体と，手堅く，きわめてオーソドックスな構成のためですが，その安定性ゆえに多くの周辺機器メーカーやソフトハウスが IBM-PC 用の商品を開発し，アップルなどを駆逐して，一気に普及していったのです．

　しかし，基幹部品や基本ソフトウェアを市場から調達し，技術仕様を開示したことは，IBM にとって別の大きな問題を引き起こしました．それは，IBM と同じく，インテルの CPU やマイクロソフトの基本ソフトウェアなどを購入すれば，誰でも IBM と同じようなパソコンを製造販売できるということです．1983 年にはコンパックから最初の互換機「Compaq Portable1」が登場し，その後，台湾などから，俗に「クローン」と呼ばれる廉価な互換機が続々と登場してきたために，方式が標準化したものの，IBM 自身のシェアは年を追うごとに低下していったのです．

　ただ，いずれの互換機もマイクロソフトの基本ソフトウェアとインテルの CPU を使用しているため，互換機が増えれば増えるほど，両社の影響力が強まっていきました．汎用の DRAM やハードディスクと異なり，マイクロソフトの Windows には代替製品がありませんし，CPU でも AMD など数社でインテル互換品を製造しているものの，全体のシェアではインテルが圧倒的だからです．両社の優位の源泉はソフトウェアの著作権にあり，これは一切公開されていません．1990 年代後半に Windows が普及するようになると，この傾向はいっそう顕著になりました．グラフィカル・ユーザ・インタフェースを効果的に用いたパソコンは，アップル・マッキントッシュの方がかなり先行していましたが，結局，マイクロソフトの Windows と，インテルの CPU を用いたパソコンが圧倒的なシェアを得るようになりました．今日では「IBM 互換機」といういい方を聞く機会はほとんどなくなり，「Windows パソコン」といういい方が

広まり，さらに Windows と Intel を組み合わせた「Wintel」などという造語もあるほどです．

8.4 デファクト・スタンダードへの2つのアプローチ

　これら2つの事例から，デファクト・スタンダードの形成について，私たちは多くの事柄を学ぶことができます．市場で複数の技術規格が競争している場合，覇権を握るには大きく2つのアプローチがあるでしょう．1つは古くからの閉鎖独占型のパラダイムにもとづくもので，技術情報を開示せず，自社で独占しようとする企業行動です．上記の例でもソニーやマイクロソフト，インテルなどの企業行動に見られます．あるいはテレビゲーム機業界で1980年代から90年代前半にかけて，ファミリーコンピュータ（通称ファミコン），スーパーファミリーコンピュータ（スーパーファミコン）などで圧倒的優位を築いた任天堂なども，このタイプと考えられます．

　もう1つは開放協調型のパラダイムにもとづくもので，技術情報を積極的に開示し，ファミリー企業群を増やし，その総和で市場への影響力を高めようとするものです．上記の例では，日本ビクターや IBM の企業行動が典型例といえます．両社に共通するのは，後発参入でありながら，一気に標準化を実現できた点であり，多数派工作が功を奏した逆転劇ともいえます．

　しかしながら，開放協調型の多数派工作がデファクト・スタンダード掌握へかなり大きく作用するとはいっても，多数派工作がそのままデファクト・スタンダードにつながるとは限りません．たとえば，1980年代初頭の日本のテレビゲームやパソコンの黎明期に，当時マイクロソフトの日本総代理店であったアスキーが，家電メーカー12社連合を組織して導入した MSX パソコンという規格がありました．しかし，この規格の製品はテレビゲーム機としては任天堂1社にはるかに及ばず，パソコンとしても日本電気の PC-8801 に大きく差をつけられたのです．

　さらに目を転じてみると，日本ビクターは VHS での成功例をもとに，1980

年代はじめにビデオディスクの標準化において，再度同一の企業行動をとっています．1980 年代初頭にビデオディスクの商品化で先行していたのは，パイオニアが育てた光学式（レーザーディスク）でした．日本ビクターは自社開発の静電容量式のビデオディスク VHD を市場導入しようと試み，VHS の場合と同様に，国内外 13 社のグループ化に成功しました．後発参入のハンディキャップを挽回するために，規格の採用企業を増やし，多数派工作を行う点では VHS の場合とまったく同様でしたが，VHD はついに大きなシェアを得ることなく消えていきました．グループに加わった 13 社も次々と光学式に切り替えていったため，関係者の間では「13 対 1 からの逆転劇」とも呼ばれています．

つまり，同一企業が同一業界内で同一の企業行動を取ったとしても，成功する場合もあれば失敗する場合もあるということです．業界内の多数派工作は，たしかにデファクト・スタンダード形成の有力な手段ではあるのですが，決定的要因ではないのです．では「何が決定的要因か？」というと，次に述べる顧客の選好が大きく作用していることがわかります．

8.5　顧客の選好とネットワーク外部性

顧客がベータマックスではなく VHS を，MSX ではなくファミコンを，マッキントッシュではなく Windows パソコンを選好した理由は何だったのでしょうか？　かつて私たちは，次のような言葉を何回となく耳にしてきました．

「親戚や友だちにテープを渡して見てもらうのは，VHS でないとできない」
「近くのレンタルビデオ店には，VHS のテープしか置いていない」
「ファミコンでないと，学校で友だちの話題についていけない」
「ファミコンなら，近くの中古ソフト屋でいろいろなゲームを安く買える」
「会社の仕事や学校の実習で使うパソコンが Windows パソコンなので，同じソフトを使えないと困る」

これらの言葉を整理してみると，いずれも自分の選好がすでに購入済みの他者の選好に大きく依存していることがわかります．製品の購入とは，それを通

じて，資産・情報の蓄積・交換のためのネットワークに自分も加入したことを意味します．市場に複数のネットワークが存在するときには，自分も加入することでより大きな効用の得られるものを選ぶものです．ネットワークに加入するメンバーが増えて，接続・交換可能な外部の相手が多いほどネットワークの効用が増すことを，ネットワーク外部性といいます．

ネットワーク外部性を持つ製品は，「ある製品に対する評価が，同じ製品をどれだけ多くの顧客がすでに購入しているかに決定的に依存する」という特徴を持ちます．そのため，多くのメンバーを集めたネットワークの効用は，小さなネットワークより格段に大きくなるため，さらにメンバーが集まることとなり，いわば「強い者はより強く，弱い者はより弱く」なっていく傾向があります．

このように，「他人の選好に影響される」，「他人の選好に影響を及ぼす」ような顧客が購入の中心となるのは，第6章で述べたロジャースの採用者カテゴリー分類に従えば，普及率 2.5%からの「初期少数採用者」以降のカテゴリーと考えられます．

つまり，市場での購入の中心がオタク的な「革新的採用者」が中心の間であれば，まだ後発の技術規格にも逆転のチャンスが残されていると考えられますが，「初期少数採用者」に移行してしまうと，ネットワーク外部性が作用して，もはや後発逆転のチャンスはないことになるのです．このネットワーク外部性は第5章で述べた経験曲線効果と並んで，市場の「弱肉強食」という競争原理をもっとも端的に表したものといえます．

8.6 成熟化をどのように乗り越えるか

デファクト・スタンダードに準拠した製品群は，業界内に技術情報が拡散し，速いスピードで市場に普及していくため，成熟化とともに普及が飽和する時期もまた早く訪れる傾向があります．市場が一気に拡大する速さに魅力を感じて後発参入した企業にとっては，まだ利益を十分に享受していないうちに成熟期を迎えることになりがちです．このような企業が増えると，業界全体で供給能

力過剰となり，過当競争から製品の値崩れを起こすようになります．このように同一製品をつくり続けるにつれて利益が減少，ないしマイナスになっていくことを収穫逓減といいます．これをどのように乗り越えるのかが，成熟期以降の課題といえます．

　一般的に見て，これには大きく2つの方法があります．1つには，買い換え，買い増し需要を喚起することであり，もう1つは耐久消費財と補完関係にある反復購入型消耗品と，トータルで売上水準を維持することです．

　市場成熟期に，積極的に買い換え，買い増し需要を喚起するというのは，第6章で述べたとおり，1920年代にゼネラル・モーターズのアルフレッド・スローン（A. P. Sloan）が採用した戦略です．彼は毎年製品のモデルチェンジを行いました．外観上のちょっとした小変更ですから，性能が大幅に向上するというものではありません．にもかかわらず，毎年変更する最大の理由は「前年のモデルを古くさく見せる」ためなのです．自分の持っている車が，新車と比べて古くさく見えてくると，「そろそろ買い換えようか」という気分になるものです．このように，だんだんと製品を古くさく見せていくことを「計画された陳腐化」といいます．さらに買い換え・買い増し時に顧客に高い付加価値を認知させる仕組みがあると，利益率も高水準を維持できることになります．自動車業界は，今日でもスローン流の戦略を踏襲しているのがわかります．

　計画された陳腐化による買い換え・買い増し需要の創出の代表例は，パソコン業界にも見られます．パソコン業界は「ドッグ・イヤー（人間に比べて寿命の短い犬の1年は，人間にとっての数年に匹敵するという意味）」と称されるほど製品の機能向上競争が激しく，CPUの世代交代やメモリーとハードディスクの必要容量増大，基本ソフトウェアやアプリケーションソフトウェアのバージョンアップなど，めまぐるしく変化しています．ハードウェア製品の品質管理が行き届いている今日，3年前の最新鋭機種が機構的な寿命を迎えていることはほとんどないと思いますが，現在の最新鋭機種と比較すると機能的な見劣りが著しく，暗に買い換えを促されるものです．特に，業務上の理由で外部とデータの交換を行う場合には，交換相手とソフトウェアのバージョンがそろ

っていないと支障をきたすため，否が応でも買い換えを迫られることになります．

8.7 反復購入型消耗品との補完関係

では，もう1つの耐久消費財と反復購入型消耗品の補完関係についても考えてみましょう．ホームビデオやパソコンのような耐久消費財が，文字どおり耐用年数の長い製品であれば，ひとたび世帯普及率が100%にいたると，新規の需要はまったく期待できなくなります．一方で，ビデオテープのようにそれと組み合わせて用いる反復購入型消耗品の需要は，耐久消費財の普及率が高くなるにつれて，どんどん増えるはずです．たしかに，ホームビデオとテープとでは，平均単価が2ケタも違うわけですが，ホームビデオを1台購入してから寿命を迎えるまでの間にテープを平均100巻消費するとすれば，両者の市場規模はほぼ同等になるはずです．そのため，成熟期以降にも売上水準を維持するためには，耐久消費財とともに補完製品である反復購入型消耗品の両方を製品ラインナップに持っている必要があります．

カメラメーカーの名門であるキヤノンが1970年代以降，複写機やプリンタ事業に積極的に多角化を進めていった理由もここにあるといわれています．第二次世界大戦後，キヤノンは「打倒ライカ」を合言葉に中高級カメラの製品開発を続けてきましたが，1960年代半ばには日本でカメラの世帯普及率が50%を超え，市場が成熟化してきました．誰もがカメラをすでに持っている時代になると，フィルムの消費量は増えるものの，カメラの需要は頭打ちになります．フィルムを製品として持っていないキヤノンとしては，カメラに代わる新たな収益源がぜひとも必要になるわけです．

その結果，「右手にカメラ，左手に事務機」というスローガンで，複写機やプリンタの商品化を進めたのです．ここで，複写機やプリンタには必ず消耗品としてトナーやインクが必要です．トナーカートリッジやインクタンクは汎用品ではありませんので，キヤノン製品のユーザーは必ずキヤノン製のトナーカー

トリッジやインクタンクを購入することになります（一部にサードパーティー製の同等品もありますが，全体から見ればわずかです）．つまり，ひとたびキヤノンの複写機やプリンタを購入した顧客は，キヤノンに囲い込まれたことになり，引き続きキヤノン製品を反復購入することになります．今日では，複写機やプリンタ本体の競争はきわめて激しく，平均単価も利益率も低水準にならざるを得ないため，同部門の利益のほとんどは消耗品で稼いでいるといわれます．

8.8　顧客の囲い込みと付加価値

　反復購入型消耗品を製品ラインナップに加える際に重視しなければならないのは，利益を生むような付加価値が存在するか，という点です．キヤノンの例では，トナーカートリッジやインクタンクの形状に汎用性がなく，同社の複写機やプリンタ専用であるという点が付加価値の源泉だったわけです．しかし，専用性が高いということは，市場規模や販路も限定されることを意味します．これらの製品を置く店は家電や文具の大型店に限られ，店舗の側から見てもキヤノン製品だけではなく，エプソンやリコーなど同業他社のものも数多く並べる必要があり，商品管理上あまり効率のよい商品とはいえません．

　逆に，VHSのビデオテープや3.5インチのフロッピーディスクは統一規格品であり，汎用性が高く，市場規模も大きいといえます．今日，これらの製品はコンビニエンス・ストアや100円ショップの店頭にも並んでいるように，消費者にとっても，どこででも調達可能な最寄り品になっています．しかし，今日，VHSのビデオテープや，3.5インチのフロッピーディスクで黒字を出している企業は1社もないといわれています．ホームビデオの本体が過当競争から値崩れを起こしているのとまったく同じ理由で，VHSのビデオテープや3.5インチフロッピーディスクも値崩れを起こしており，撤退企業も相次いでいます．ここにもまた専用性と汎用性のジレンマが生じています．

　値崩れの最大の原因は，VHSのビデオテープや3.5インチフロッピーディスクでは，顧客のブランドロイヤリティを高く維持できないところにあります．

たとえば，ソニーの製品を永年愛用していた人であっても，夜中に急に録画したいテレビ番組を見つけて，急いでコンビニエンス・ストアに駆け込んだ際に，そこには TDK やマクセルの製品しか置いていなかったとしたら，おそらくためらうことなくそれらを購入するでしょう．機能的には何の問題もないからです．

一方，普及が進み，市場が成熟しながら値崩れを起こしていない，音響映像分野の製品もあります．その代表例が音楽用 CD ソフトウェアです．とりわけ販売数量の多いポピュラー音楽の場合，CD ソフトウェアのブランドロイヤリティは，製造販売を行うレコード会社に帰属するのではなく，タレントに帰属していると見ることができます．タレントへのブランドロイヤリティは，一般にきわめて高いのです．

たとえば，宇多田ヒカルのファンという市場は，基本的に倉木麻衣のファンという市場と似てはいても重ならないわけで，両者の CD ソフトウェアの間に製品の代替性，競合は存在しないと考えるべきでしょう．さらに，宇多田ヒカルのファンにとっては，新譜がリリースされると，聴き古した旧譜より新鮮に聞こえるため，前述の「計画された陳腐化」に従い，CD ソフトウェアの買い増しを行います．いわばタレント単位で顧客の囲い込みが進んでいる，と見ることができます．

つまり，CD ソフトウェアは，楽曲ごとに「別商品」と顧客に認知されており，これによって平均単価の下落を防止しているわけです．音楽の楽曲や，映画の画像・音響そのものを「コンテンツ」といういい方をします．このコンテンツこそが，付加価値の源泉となっているのです．

パソコンの基幹部品でも，DRAM やハードディスクなどは典型的な収穫逓減型のビジネスとなっているのに対して，ソフトウェアや CPU は利益率を高く維持できます．DRAM と CPU はともに経験曲線効果のもっとも強く発揮される半導体製品ですが，CPU が高い利益率を維持している理由は，内蔵するマイクロコードというコンテンツに付加価値の源泉があるからです．

コンテンツというのは，いわば無形固定資産にあたります．ひとたび優れた

コンテンツを制作すると，これを何回使いまわししても，制作費用は変わりません．そのため，同一製品をつくり続けるにつれて利益率が向上するわけで，これを収穫逓増と呼んでいます．

以上のように，市場の成熟化に対して，いかにして収穫逓増型のビジネスを構築するかが，きわめて大きな課題となるのです．

【演習問題】

① デファクト・スタンダードを掌握するために必要な条件とはどのようなものか，整理してまとめなさい．
② 第8章で取り上げた事例以外でネットワーク外部性が作用する製品分野をあげて，そのリーダー企業がなぜ優位にあるのかを考察しなさい．
③ 収穫逓減型ビジネスと，収穫逓増型ビジネスの違いを説明しなさい．

第9章　プロセス型戦略論とコア・コンピタンス

　1990年代に入り，バブル経済の崩壊と合わせたかのように，経営戦略論の潮流にも大きな変化が現れました．1980年代に主流となっていたのは，第8章までに述べてきたとおり，ポーターに代表されるような市場内でのポジショニングを重視した考え方でした．高度成長期やバブル経済の時代には，企業にとっての外部環境である市場規模が右肩上がりに拡大していくという前提で，同業他社と比較して自社をどのように位置付けるかが重要な課題となっていました．

　しかし，低成長ないしマイナス成長に転じた時代には，自社の内部経営資源を見つめ直し，企業の生き残りのために何が本当の強みといえるのかを明らかにする必要が生じます．このような考え方は，それまでのマーケット・ポジショニング・ビュー（Market Positioning View）に対して，リソース・ベースド・ビュー（Resource-based View）とも呼ばれます．

　第9章では，リソース・ベースド・ビューと，それにもとづいたコア・コンピタンス（Core Competence）の考え方についてまとめてみましょう．

9.1　マーケット・ポジショニング・ビューとリソース・ベースド・ビュー

　第4章で述べたように，戦略分析の基本的なフレームワークに，SWOT分析という手法があります．S, W, O, Tとは，それぞれ強み（Strengths）と弱み（Weaknesses），外部環境にある機会（Opportunities）と脅威（Threats）

の頭文字を取ったものです．強みとは，自社の経営資源の中で，その事業分野で競争優位を獲得するのに貢献するもの，つまり競争相手の企業のそれよりも優れているものであり，逆に弱みとは，競争相手の企業のそれよりも劣っているものです．SとWは，いわば内的要因の評価といえます．また，外部環境の中に見出される機会とは，自社の事業に成長の可能性や競争優位の向上をもたらす要因であり，逆に脅威とは，事業の成長を鈍化させたり，その競争優位を脅かしたりする要因をさします．OとTは外的要因に対する評価となります．マーケット・ポジショニング・ビューはOとTから競争優位を考えた見方であるのに対して，リソース・ベースド・ビューはSとWから競争優位を考えた見方ということができます．

マーケット・ポジショニング・ビューは，第5章に述べたとおり「構造−行動−成果」パラダイムに従っており，まず産業や業界間で企業の資本利益率に持続的な格差が生まれる原因が，産業や業界の市場構造の違いに起因すると考えるところから出発します．しかし，1980年代後半から1990年代初頭の実証研究により，企業間あるいは事業単位間の利益率の違いについて，産業間だけでなく同一の産業内でもかなり大きな差のあることが知られるようになりました．つまり，企業間の利益率の違いは，市場構造特性だけでは説明できなくなってきたのです．

第7章で述べたように，トヨタ自動車と日産自動車を比較すると，40年以上前にはまさにライバル関係にあったわけですが，現在はかなり大きな資本利益率の差異が存在しています．しかし，ここで両社を取り巻く市場構造は，ほぼ同一と考えることができるでしょう．また，自動車の製造プロセスについて見ても，たしかにトヨタ生産システムの効率の高さは世界中に知られていますが，他の日本の自動車メーカーもほぼ同等のシステムを導入しています．つまり「構造−行動」の部分に大きな違いはないはずなのに，「成果」の部分でそれ以上の違いが出ているのです．むろん，ここ40年ほどの間に両社にはさまざまな出来事があり，その集大成として，今日の業績の違いにつながっているわけです．

このように，歴史的な時間経過の中で，環境条件から不可逆的な独自性を生じることを，「経路依存性」がある（Path-dependent）といいます．見方を変えると，両社の業績の差異は，中長期的に見てほとんど「社内的な事情」，つまり前述の S と W の部分に依存していると考えることができます．このように中長期的に見た場合に，持続的な競争優位の源泉を企業独自の経営資源（Management Resource）に求める視点を，リソース・ベースド・ビューと呼びます．リソース・ベースド・ビューにもとづいた経営戦略分析は，「どのような経営資源が持続的競争優位の源泉となり得るのか」という問題意識が根底にあるのです．

9.2 分析型戦略論の限界

マーケット・ポジショニング・ビューに根ざした戦略観の根底には，経済合理性と首尾一貫性があります．そのため，このような立場の戦略論を「分析型戦略論」と呼ぶこともあります．慶應義塾大学の奥村昭博教授によると，分析型戦略論には以下の4つの特徴があるといいます．

第1には，企業を物理的な経済主体とみなすことで，企業の行動はそのまま経営戦略と一致するという大前提があることです．

第2には，企業を市場における1個の「点」と見て，戦略的意思決定は「全知」のトップマネジメント1人の専有物である，という企業観を持っていることです．

第3には，決定された経営戦略は，組織を介して各個人が機械的に遂行するという前提に立っていることです．ここでは，環境－戦略－組織－個人の間に連続的な整合関係が重視されています．

第4には，経営戦略が規範的性格を持つため，計画からの乖離は厳しくコントロールされます．その結果，規範から外れた行動を取る企業が衰退すると考えられています．

これを読むと，あたかも20世紀初頭にウェーバー（M. Weber）の論じた官

僚制組織論のような,「上意下達・下意上通,一枚岩の団結で効率の徹底追及」という組織の姿を連想してしまうのは,私ばかりではないでしょう.このような分析型戦略が有効に機能するのは,高度成長期のように環境が予測可能で安定的であり,戦略決定者であるトップマネジメントがあらゆる戦略的代替案,つまり選択肢を列挙できて,その成果予測が可能な状況のもとで,なおかつ組織内のメンバーが経営戦略について十分理解し,意思統一がなされている場合,ということになるでしょう.そのため,企業の意思決定が組織化され,複雑な組織内で合意形成されるプロセスが非常に重要となります.

1980年代後半には,多くの企業でトップマネジメントのスタッフである本社戦略策定部門への集権化と,戦略実行のための組織の複雑化が発生し,組織内のメンバーはひたすら制度化された手続きに追われ,現場の環境適応能力の低下を招いた,といわれます.環境適応を目指していたはずのプロセスが,逆に環境適応能力を低下させるという,いわゆる「官僚制の逆機能(Dysfunction of Bureaucracy)」が生じたわけです.私自身も,1980年代末から本社スタッフ部門に在籍していましたが,このようなプロセスは戦略の実行よりも策定に膨大なエネルギーを消費することになり,「分析マヒ症候群(Paralysis by Analysis Syndrome)」とも揶揄されました.

マーケット・ポジショニング・ビューに根ざした分析型戦略は,それぞれの時点において既存の事業に対して既存の経営資源をいかに配分すべきかを考える枠組みとしては有効でも,自社の生き残りを賭けて,本当に必要な経営資源が何で,それをいかに獲得し,蓄積すべきか,今後どの領域に新たな成長分野を見出すべきかについては,明確な方向性を出しにくいという宿命を持っていたわけです.バブル経済の崩壊とともに市場全体が先行き不透明になった状況では,分析型戦略が有効に機能しなくなるのは当然の結果ともいえるでしょう.

9.3 プロセス型戦略論の台頭

分析型戦略論の閉塞感を打破するために,経営戦略を組織全体のコンテクス

トの中でとらえ，企業と環境の相互作用や，企業内のダイナミックな変化から生じる「パターン」としてとらえようとする動きが，1980年代末から盛んになってきました．これは「分析型戦略論」に対して「プロセス型戦略論」と呼ばれます．それぞれの企業の経営戦略は個別の歴史的産物であり，その経路依存性を前提に「行動の中から戦略が生み出される」という考え方です．

奥村教授は，プロセス型戦略論について，分析型戦略論とは対照的な4つの特徴を持っていると論じています．

第1には，先に述べたとおり，企業と環境の相互作用や企業内で生起するプロセス・ダイナミクスの産物だということです．

第2には，戦略的意思決定がトップマネジメントの専有物ではなく，組織全体から生み出されるものであるということです．

第3には，戦略策定と遂行とが相互依存的に作用し，常に進化する可能性を秘めているということです．

第4には，プロセスの中から生起してくる創発的な行動に注目することです．このような計画外の偶発的な革新行動を内部に取り込んで，組織学習していくことから進化がはじまります．

このような特徴だけを読むと，何かプロセス型戦略論というものが「出たとこ勝負」で，あたかもその場その場でご都合主義的に変化するもののように感じられる読者も少なくないかもしれません．

たしかに，「ノーベル経済学賞を受賞した最初の経営学者」である経営学界の巨人，サイモン（H. Simon）は，人間とは限られた能力の範囲内で決定を行わなければならない存在であるため，主観的・相対的な合理性しか持ち得ない，と論じています．つまり「全知」の意思決定などは不可能で，現実には，

- 現実になされる意思決定は，代替案のうちの少数しか知り得ない
- 代替案を実行した際の結果も不明な点が多い
- 達成すべき目標も完璧には明示されていない

という，いわば不完全情報にもとづいて，その中で最善と信じる意思決定を行っているに過ぎないわけです．

これは，「制約された合理性（Bounded Rationality）」と呼ばれます．プロセス型戦略論の大前提にも，このような「制約された合理性」という視点があるわけです．したがって，戦略策定のような中長期的なスパンでの意思決定を有効なものとするには，最終目的であるビジョンを明確に示すとともに，そこにいたるプロセスには常に見直しと変更・修正が必要となります．

そのためには，それぞれの企業が明確な組織文化を構築し，情報交換や知識の蓄積を頻繁に行い，容易に価値観の共有を図れる柔軟な組織となっていなければなりません．プロセス型戦略論の真髄は，常に変化を求め，それを組織学習することにあるといえます．そのため，経営資源の中でも情報的経営資源の獲得と蓄積が重視されるのです．

9.4 情報的経営資源と組織能力

第4章で述べたように，経営資源は「企業活動に必要な資源あるいは能力の全体」などと定義され，特に1980年代からは「ヒト・モノ・カネ・情報」の4大要素に分類する考え方が主流となっています．

一橋大学の伊丹敬之教授によれば，情報的経営資源とは，組織内で共有されているスキルや知識などの「見えざる資産」をさします．これらは持続的競争優位の源泉として，円滑に活動を行うために必要で，それぞれの企業に個別的な独自の資源です．

一方で，情報的経営資源とひとくくりに論じられるものの中にも，顧客情報のデータベースや知的財産権，ブランドなど無形固定資産化可能な「要素」と，それらをうまく組み合わせて，調整・活用する「能力（Capability）」とは区別して考えるべきである，という見方もあります．つまり，無形固定資産化できる要素自体は，それ単独では価値を生み出さず，組織において組み合わせ，調整・活用される能力があって，付加価値を高めているわけです．さらに，そのような能力は市場を通じて容易に入手できるようなものではなく，また特定の個人が企業を離脱すれば失われるような属人性の高いものでもなく，組織学習

により組織の中に深く浸透しているものと考えることができます．これを，組織能力（Organizational Capability）といいます．

ただし，この組織能力は概念的に理解できても，「これがわが社の組織能力である」と明確に示すことが困難です．組織能力の実態は，企業の最終目的の達成を目指して，人々が協働する能力，あるいは協働のための意思決定プロセスや行動パターンということになります．企業内の人々にとっては，まるで空気のようにあたり前の存在でありながら，外部の人間には非常に認識しがたいものなのです．長い伝統に培われた企業文化とか企業風土と呼ばれるものの中に，おぼろげに現れてくると考えるべきでしょう．

9.5 コア・コンピタンス

ミシガン大学教授のプラハラド（C. K. Prahalad）と，ロンドン・ビジネス・スクール教授のハメル（G. Hamel）の2人が1994年に出版した『コア・コンピタンス経営』は世界的なベストセラーになりました．プラハラドとハメルは，著書の最初に述べているように，「キヤノンがゼロックスからあれほど多くの市場占有率を奪うことができた裏には，どのような理論が隠されていたのか？ ホンダはいかにしてデトロイトを負かしたのか？ そしてソニーは，なぜRCAに勝てたのか？」という，アメリカ人にとってはきわめて素朴かつ現実的な問題意識から出発しています．

1980年代のアメリカ市場で，それまでの分析型戦略的観点からすれば戦略策定能力に長けていたはずの優良企業の多くが，日本企業などの攻勢に苦しんでいました．その原因は，従来いわれていたような日本的経営のメリットとは違う，もっと根源的な製品開発のあり方そのものの違いにあったのです．彼ら2人は，多くの事例研究を通じて，日本企業などが特殊な経営資源を持っているわけではないのに，持続的競争優位を確立していることを説明するために，企業の独自性を生み出す組織能力として，コア・コンピタンス（中核能力）という概念を導入しました．コア・コンピタンスとは「組織における集合学習の

産物であり，特に多様な製造スキルをいかに調整し，複合的な技術の流れをいかに統合するかを学ぶことである」と定義されています．

このようなコア・コンピタンスは，短期間で獲得できるものではありません．10年以上の長期間にわたる継続的な改善や強化を経て構築されるものであり，
- ① さまざまな市場へアクセスする可能性を生み出すこと
- ② 最終商品が特定の顧客の利益に重要な貢献をすること
- ③ 競合他社にとって模倣することが困難であること

という，3つの大きな特徴を持っています．逆にいうと，企業の持続的競争優位のためには，常に10年先を見越して，組織的に自社のコア・コンピタンスを育成し，足りない部分は補完し，未来の市場に備えなければならないことになります．組織学習の結果，未来を洞察する力を養い，競争のルールを変え得るような新製品や新規事業を次々と送り出す企業が，高業績をあげることができるのです．

9.6 キヤノンに見るコア・コンピタンスの蓄積

プラハラドとハメルによると，たとえばキヤノンの中核能力は，精密機械技術，精密光学技術，マイクロエレクトロニクス技術の3つであるといいます．ここでもう一度同社の歴史を振り返りながら，コア・コンピタンスの展開の仕方を考えてみましょう．

キヤノンは1937年に創業された，精機光学工業㈱を起源とする会社です．その名前のとおり，創業当時から高級カメラの製造販売を本業としてきました．戦前は高級カメラやX線間接撮影専用カメラなどを開発し，軍需用カメラの製造拠点ともなっていました．第二次世界大戦後も，1945年9月にいち早く50人のメンバーが集まり，戦前の経験を生かして，当時世界最高水準にあったドイツ製カメラのライカに追い付き，追い越すことを目標として，「打倒ライカ」を合言葉に，中高級カメラの製品開発を続けてきました．この段階で精密機械技術と精密光学技術が社内に蓄積されているのです．

しかし，1960年代半ばに，技術的にはほぼ目標を達成できたものの，日本でカメラの世帯普及率が50％を超え，カメラ市場が成熟化してきました．キヤノンは脱成熟化のために電気系エンジニアを積極的に採用するなど，カメラ以外の分野にも多角化をはじめたのです．初期の脱カメラ化製品の中には，シンクロリーダーや電卓など，事業的には必ずしも成功といえないものも少なくありません．しかし，この間にキヤノンは着実にマイクロエレクトロニクス技術を蓄積してきたといえるでしょう．その結果がのちにEE（電子測光）機構，AE（自動露出）機構などカメラの電子化や，複写機やプリンタの製品開発に結実したのです．

とりわけ，1960年代前半にEE機構を組み込んだ中級機カメラ「キヤノネット」シリーズや，1970年代後半にLSIによる本格的な電子制御システムを取り入れた最初の一眼レフカメラ「AE-1」シリーズが，ともに世界的な大ヒット商品となり，キヤノンの事業基盤安定化に大きく貢献しました．このようにして，キヤノンは1970年代後半に，名実ともに世界トップのカメラメーカーの地位を確立することになったのです．

9.7　コア・コンピタンスを活用した複写機事業

キヤノンでは，1967年の創業30周年を機に，当時の御手洗毅社長が次のように述べて新たなビジョンを示しました．

「今年において会社繁栄の基礎を築くためには，右手にカメラ，左手に事務機光学特機をふりかざし，しかも輸出を大いに伸ばしていかなければなりません」

これにより，これからのキヤノンの進むべき道をわかりやすく表すスローガンとして「右手にカメラ，左手に事務機」の言葉を社内外においてしばしば用いるようになります．1966年に事務機・光学特機部門の売上は全体の16.5％でしたが，電卓や複写機などの新製品を出した1968年には22％，同じく1969年には42％にも達しました．

普通紙を用いる複写機は，紙面上の白黒濃淡情報を光学的に読み取り，電気信号に置き換え，さらに別の紙面上に静電気として伝え，カーボンの粉を付着させることで，元の白黒濃淡情報を再現するシステムであり，この仕組みは電子写真技術とも呼ばれます．そのため，複写機の製品開発には精密機械技術，精密光学技術，マイクロエレクトロニクス技術の3つが必要となります．しかし，複写機市場参入には3つの大きな問題点がありました．

第1は，技術的な問題です．普通紙複写機の基本特許は発明者の名前をとってカールソン特許と呼ばれますが，きわめて強力なもので，周辺特許も含めてすべて米ゼロックス社が押さえており，高い参入障壁を築いていました．

第2は，販路の問題です．カメラと複写機では顧客にアクセスする販路がまったく異なります．1960年代中頃，普通紙複写機の販売活動はメーカーによる直販，あるいはディーラー販売を基本としていました．米ゼロックス社は，メンテナンスやアフターサービスのエンジニアが顧客の設置場所を常に巡回するという「ゼロックスシステム」で成功を収めており，このような顧客の囲い込みは，大企業向けの販売政策としてはきわめて有効に機能していましたが，販売対象を従業員5人未満の小規模事業所や個人まで拡大することが難しかったのです．

第3は，価格的な問題です．普通紙複写機市場の潜在需要は，小規模事業所や個人で膨大なものが見込まれていましたが，その底辺拡大には，国内で20万円以下，アメリカで1,000ドル以下の価格が営業面から望まれていました．

以上に対してキヤノンは，まず米ゼロックス社の特許を徹底的に調査したうえで，これらに抵触しない独自技術の開発を進めました．これが可能であったのは，先に述べた3つの技術を社内に蓄積していたからです．その結果，ゼロックスの基本技術が印刷部分に静電気を帯電させる方式を採っていたのに対して，除電させて複写するというキヤノン独自方式の電子写真技術「NPシステム」を1968年に開発しました．さらに，1979年から感光ドラム，帯電器，クリーナ，現像器を一体化して，一定枚数複写後は顧客自身の手で交換するEPカートリッジ方式の開発をはじめ，1982年に定期点検の必要のないパーソナ

ル普通紙複写機「パーソナルコピア PC-10/PC-20」として発売しました．20万円台の手頃な価格も大きな話題でしたが，サービス契約のいらないメンテナンスフリーのコンセプトも注目を集めました．従来，複写機業界の収入源は顧客が支払うサービスやメンテナンスのための費用にありました．顧客自身が交換するメンテナンスフリーのカートリッジの導入は，自らの収入源を断つことになるため，これまで強力なサービス網を構築してきた先発企業には追従しがたい戦略だったのです．これによって，複写機にとどまらず，ファクシミリなどにも事業を展開しやすくすることができました．

9.8 コア・コンピタンスのさらなる展開

　レーザープリンタのコンセプトが世の中に知られるようになったのは，1971年秋に米ゼロックス社のパロアルト研究所（PARC）が開発した試作機からであるといわれています．キヤノンでは 1974 年からレーザープリンタの開発を進め，翌 1975 年にアメリカで行われたナショナル・コンピュータ・コンファレンス（N.C.C.）に試作機を出展しています．レーザープリンタの印字機構は，開発当初も現在も次のとおりとなっています．

　レーザー光源を出た光は，印字情報に応じて変調を受け，正多角柱を高速回転させる回転鏡（ポリゴンミラー）で反射し，水平方向に走査させて感光ドラム上に結像させることになります．この部分をレーザーエンジンといいます．これにより感光ドラム上に静電的な画像情報が生成され，複写機とまったく同一の電子写真技術により，普通紙上に白黒濃淡の画像が現れることになります．ここで，回転鏡での等角速度運動を感光ドラム上の等線速度運動に変換するために，感光ドラムのどの部分でも常に見かけの光路長を一定とする必要があり，それを実現して，かつ傾き補正を行うための複雑な 3 次元形状を持つ $f\theta$ レンズという結像光学系を用います．回転鏡には超精密鏡面加工技術が必要であり，結像光学系には高度な物理光学的設計能力や表面処理技術を必要とし，さらに複写機と同様の電子写真技術も必要となります．このように，レーザープリン

タはキヤノンの精密機械技術，精密光学技術，マイクロエレクトロニクス技術の3つを余すところなく活用した製品といえるでしょう．

さらにレーザープリンタが事業的に成功したきっかけは，1983年に複写機のEPカートリッジを転用した，小型廉価の卓上型プリンタを商品化したことによります．

しかし，プリンタの販路は複写機とは異なります．プリンタはあくまでコンピュータとともに用いなければ何の役にも立たない周辺機器であり，ソフトウェアのサポートなどシステム的な展開が必要です．当初，キヤノンにはそのような顧客へのアクセスの手段がほとんどありませんでした．そのため，プリンタの事業化にあたり，以下の3つの方針を打ち出しました．

① 自社ルートで販売する商品の開発を行い，コンピュータ周辺機器の販売体制も逐次整備していく
② システム商品なので，他社によるOEM販売を積極的に進める
③ 技術ライセンス契約により，他社に技術供与を行う

特にOEM販売は，キヤノンにとってはじめての経験であり，現在にいたるまで，自社ブランド製品より他社ブランド製品の生産量の方が多いといわれています．

ここで注意したいのは，複写機もレーザープリンタも，試作段階から事業として成功を収めるまで10年単位の年月を要していることです．単にキヤノンの社内に3つの要素技術が蓄積しただけでなく，トップマネジメントが10年単位で未来を洞察し，焦らずじっくりと統合・育成してきたことが，他社との大きな違いでしょう．特に，EPカートリッジやレーザープリンタなどのブレイクスルーには，タスクフォースと呼ばれる臨時編成の開発プロジェクトチームに関連部門から人材を結集してきたことが，大きく寄与しています．これこそさまざまな技術や知識を統合・調整する組織能力の重要性を物語っています．

9.9 コア・コンピタンスの論議の限界

　コア・コンピタンスの概念は，多くの日本企業を事例に取り上げていることもあって，終身雇用制を前提に，中長期的な経営資源の蓄積をきわめて重視する日本の経営者には，両手をあげて大歓迎されました．しかし，「企業は目先の利益にとらわれることなく，未来の市場をリードすることを目指さなければならない」という主張は，当面の業績の悪さを取りつくろう免罪符としての役割も果たすことになったのです．

　コア・コンピタンスの論議の難しいところは，先に述べたように組織能力をもとにしているため，「これがわが社のコア・コンピタンスである」と，明確かつ説得的に示すことが困難である点があげられます．さらに，中長期的なスパンで論議するため，因果関係がはっきりせず，説明が後講釈的にならざるを得ないことも問題でしょう．

　キヤノンの事例でいえば，複写機やプリンタに精密機械技術，精密光学技術，マイクロエレクトロニクス技術の3つが活用されているのは確かですが，3つの技術を組み合わせて応用できる分野は，もっと他にもさまざまなものがあり得るわけです．では，なぜ複写機とプリンタでなければならなかったのでしょうか？　それはキヤノン固有の社内の条件などが複雑に関わり合う，経路依存性の問題となります．したがって，それをそのまま他社にあてはめることができないわけです．

　このように考えてくると，最終的に問題となるのは「キヤノンのトップマネジメントは，自社をカメラ，複写機，ファクシミリ，プリンタのメーカーと考えているのか，それとも精密機械技術，精密光学技術，マイクロエレクトロニクス技術の3つ（さらにEPカートリッジなどの化成品を含めた4つ）の分野で，他社をしのぐコア・コンピタンスを持つ会社と考えているのか」という問いかけでしょう．これは，第3章で述べたドメインの物理的定義と機能的定義の問題とも通じています．機能的な定義からは新しい事業機会をイメージしやすい反面，不明確さも伴うわけです．

企業が生きものにたとえられるように，経営戦略もまた，常に変化しながら生きているのです．企業にとって，コア・コンピタンスもあくまでビジネスを構成するモデルの一部に過ぎず，それを知っただけでは必ずしも十分ではないことに注意すべきなのです．

【演習問題】

① 分析型戦略論とプロセス型戦略論の違いを対比してまとめなさい．
② 伊丹敬之の情報的経営資源論の意義と限界を述べなさい．
③ キヤノン以外の身近な企業を例にあげて，コア・コンピタンスをもとにした事業展開をまとめなさい．

第 10 章　新規事業と多角化戦略

10.1　企業戦略とは

　第9章までの論議は，主に社内のそれぞれの事業部門ごとの競争に関する事業戦略が話題の中心となっていました．第 10 章では，全社的な立場からの企業戦略について考えてみましょう．第2章で述べたとおり，企業戦略は経営戦略の階層構造の中で最上位に位置して，企業全体を対象とする戦略をさします．

　経営戦略研究の歴史の流れから見ると，全社的な企業戦略分析のほうが古くから行われており，1960 年代にチャンドラーやアンゾフが活躍していたころには，経営戦略の関心の中心は企業戦略にありました．企業戦略の課題は，環境変化に適応して，企業の事業構造を変革し，ヒト・モノ・カネ・情報など，企業活動に必要な経営資源の獲得・蓄積・配分を行うことにあります．具体的には，企業全体から見て，どの分野の収益性が優れているのか，不採算な分野をどのように処理すべきか，今後の成長が期待できる分野はどこにあるのか，それらの分野で効率的に事業を営むためには，限りある経営資源をどこにどのように分配すべきか，を考えることです．

　このように企業戦略とは，言い換えれば最高経営責任者（CEO）の下す意思決定の指針となるものです．

10.2 なぜ新規事業が必要か

　事業構造の変革とは，既存事業の再編成や効率化と，新規事業の開発，事業多角化が中心となります．先に述べたとおり，事業には製品ライフサイクルが存在しています．現在は「花形産業」と呼ばれている分野でも，時の流れとともにいつか成熟化して，さらには衰退期を迎える運命にあります．仮に現在の「本業」が売上も利益も大きな優良事業であっても，永遠にそれに頼り続けるわけにはいきません．企業は常に右肩上がりに成長し，永続する（Going Concern）ことが社会的に求められている以上，本業の成熟化，衰退化に備えて，脱成熟化（De-maturity）のために収益性の高い新規事業を常に模索する必要があるのです．

　アンゾフは，企業が成長を続けていくための代替案について，製品と市場の組合せで類型化し，成長ベクトル（Growth Vector）と名付けました．図10.1のように，製品を現行製品と新規製品に分け，市場を現行市場と新規市場に分け，その組合せにより生まれた4つのセルに従って，代替案を分類しています．現行製品を現行市場に投入して収益を向上させるためには，市場浸透戦略が必要であり，現行製品を新市場に投入して収益を向上させるためには，市場開発戦略が必要となります．同様に，新製品を現行市場に投入して収益を向上させるためには，製品開発戦略が必要であり，新製品を新市場に投入して収益を向上させるには，多角化戦略が必要となります．

　たとえば，日本マクドナルドが従来からあるハンバーガーの「価格破壊」を

	現行	新規
現行市場	市場浸透戦略	製品開発戦略
新規市場	市場開発戦略	多角化戦略

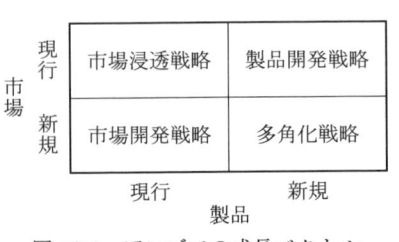

図 10.1　アンゾフの成長ベクトル

行って，他社のシェアを奪い，業界内で圧倒的優位を築いたのは，製品も市場も従来どおりですから，市場浸透戦略といえるでしょう．また，前述したとおり，日本におけるカラーテレビの世帯普及率は1978年に97％を超え，成熟期が四半世紀も続く業界ですが，この間に，テレビ業界はビデオ入力対応や音声多重放送，BSやハイビジョンなど，さまざまな製品のイノベーションを起こすことによって，衰退期に陥ることを防いでいます．これなどは，現行市場に次々と新規製品を導入して収益性を維持する，製品開発戦略と見ることができるでしょう．あるいは，現在，実に多くの企業が中国に進出していますが，これも中国を単に人件費の安い「世界の量産工場」として見るのではなく，「未開拓の巨大消費市場」として見ているからだといわれます．これなどは現行製品を新規市場に投入する，市場開発戦略と見ることもできます．このように考えると，新規の製品を新規の市場に投入することが多角化だということになります．

10.3 事業の多角化

事業活動の範囲が広がって，本業とは異なる製品やサービスで新規の市場を対象とするように，事業の多様性が増すことを，多角化（Diversification）といいます．企業が多角化する主な理由は2つあります．第1には，成長機会を求めるからです．成長を続けるには，前述したとおり新しい分野に進出して成長機会を追求する必要があります．また第2に，保有する経営資源を有効活用するという意味もあります．大企業になるほど，資本，生産設備，技術，人材などの経営資源は，多くの場合，完全に使い切っているわけではなく，未利用な部分があります．そのため，未利用な経営資源の有効活用を図って多角化することも少なくありません．

多角化には，大きく分けて2つの方向があります．関連多角化と非関連多角化です．つまり，既存事業や本業と比較して，市場の関連性ならびに技術の関連性もともにある場合には本業周辺多角化となり，技術の関連性はあるのに市

場の関連性のない場合には技術関連多角化，市場の関連性はあるのに技術の関連性のない場合は市場関連多角化，どちらもない場合には非関連多角化と分類できます．

特に日本企業の場合，関連多角化の成功例が多く，非関連多角化の成功例が少ないのが実情です．企業にとっては，新規事業に進出する際に，技術面であれ，市場面であれ，既存事業で培ってきた経営資源や能力を新規分野でも共用することができれば，経営効率も高まりますし，まったくゼロからスタートする場合に比べて有利になるはずです．経済学では，このような節約効果を「範囲の経済（Economies of Scope）」と呼んでいます．

では，市場も技術も近接した分野が最適か？　というと，必ずしもそのようにはいえません．既存事業が成熟化している場合には，やはり近接分野も今後の成長が期待しがたいからです．既存事業からある程度離れていて，なおかつ関連性がある，という両者の兼ね合いが重要ということになります．また，非関連多角化の場合には，財務面あるいは一般的な経営管理面以外に関連性がないため，既存事業との統合にまったく別の枠組みが必要ということにもなります．

10.4　関連多角化と非関連多角化

関連多角化と非関連多角化の潜在的利益を比較すると，以下のように整理できるでしょう．

まず，製品と市場の志向性について考えると，関連多角化の場合は，研究開発や生産技術のような技術的な面で類似した製品分野，ないしマーケティングおよび流通面での特徴が類似した市場への多角化を志向することになります．一方，非関連多角化の場合は，既存事業において重視された成功要因とは異なる成功要因を持つ製品やサービスの市場への多角化を志向することになります．

次に，潜在的にもっとも大きな価値のある，移転可能な経営資源や能力について考えると，関連多角化の場合は，研究開発や生産設備，流通システムの余剰能力と，経営管理面や職能上のスキルが価値のある移転可能なものとして期

待されています．一方，非関連多角化の場合は，一般的な経営管理のスキルと，余剰資金程度しか期待されていないといえるでしょう．

また，潜在的な利益の性質について考えると，関連多角化の場合は，操業効率の向上や，事業規模の拡大による競争地位の改善，長期的な費用削減などによって，全社的な経営資源の生産性が高まると考えられています．一方，非関連多角化の場合は，資金の管理と投資資金の配分がより効率的に行われ，借入資本のコストが削減され，不採算部門の相互補助によって利益が拡大すると考えられています．

さらに，潜在的な利益を実現する際の問題点を考えると，関連多角化の場合，社内で部門を新設していく際にはあまり問題とならないのに対して，買収により多角化しようとする際には，買収する側とされる側の双方の企業を公式に統合するうえで，企業風土や企業文化という側面で支障が生じやすく，自前主義に陥りやすいという問題点があります．一方，非関連多角化の場合は，事業部門の買収や売却も容易であり，資本の効率を高め，不採算部門の相互補助の利点を活用したり，あるいは素早く売却するなどの機動的運用が可能といえます．

10.5 シナジー効果

アンゾフは，関連多角化の成功要因として，既存事業と新規事業の間で経営資源や能力を共用して，効率的に展開することを，シナジー（Synergy）効果という概念で説明しました．アンゾフによれば，シナジー効果とは，（しばしば「$1+1 \geqq 2$ となるような」という比喩で説明されるのですが）企業の資源から，その部分的なものの総和よりも大きな結合利益を生み出すことのできる効果をさし，相乗効果，結合効果とも呼ばれます．シナジー効果が生まれる背景には，いくつかの経営資源や能力の多重活用が見られます．共通の技術知識を活用する研究開発シナジーや，生産設備を共用する生産シナジー（両者を併せて技術シナジーという場合もあります），販売チャネルやブランド，顧客情報を共有する市場シナジーなどが代表的なものです．

第9章で取り上げたキヤノンのように，カメラから出発し，複写機，プリンタと事業を多角化していくのは，まさに研究開発と生産の両面にわたる技術シナジーを有効に活用したものと説明することができます．また，花王が石鹸からはじまり，洗剤，紙おむつ，生理用品，化粧品などに事業を多角化していくのは，界面活性技術などによる技術シナジーばかりでなく，販路や対象顧客に重なり合う部分が多く，ブランドイメージが効果的に作用するという市場シナジーによるところも大きいと考えることができます．

　シナジー効果は，なかなか目に見える形で示せず，定量化しにくいという問題点があります．たしかにキヤノンの事例のように，製品の基幹部品であるトナーカートリッジを複写機とプリンタとファクシミリで共用するような場合には，規模の経済による量産効果が発揮されて，それが直接的に製造原価に反映されるため，把握が容易です．しかし，同一ブランドを使用した場合と別ブランドの場合の販売数量の変化などは再現性がなく，実証が不可能なため，「効果があった」と思えばあったように見え，「なかった」と思えばないようにも解釈できることになります．そのため，採算がとれるかどうかわからない新規事業の責任者がトップマネジメントに対して，「本業との大きなシナジー効果が期待できる」などという説明をする場合には，かなり割り引いて受け止める必要があるでしょう．

10.6　ダイナミック・シナジー

　アンゾフの述べたシナジーの概念は，あくまで企業が既存事業で蓄積してきた経営資源や能力と，現在進行中ないし計画中の新規事業で必要とされる，経営資源や能力の間の相互関係をさしていました．一橋大学の伊丹敬之教授は，これを一歩進めて，現在の経営資源や能力と新規事業で蓄積されるはずの新しい経営資源や能力をもとにして，そこから生まれ出てくると想像されるシナジーを，ダイナミック・シナジー（Dynamic Synergy）と名付けています．これは，シナジーの波及効果と考えることができます．企業がさらなる成長を継続

していくためには，先を見据えて早い段階から，次世代の新規事業を考慮のうちに入れておかなければなりません．

関連多角化のほうが成功する可能性が高いという大前提に立てば，望ましい多角化とは，「多角化→経営資源や能力の蓄積→次世代の多角化」というサイクルを繰り返すことで，中長期的な成長を実現するものであるはずです．そのため，望ましい経営資源の蓄積に結びつかない多角化は避けるべきだといえます．

10.7　多角化のタイプ分けの基準

一方，アンゾフの述べた関連多角化と非関連多角化の対立的二元論は，かなり「大雑把」な分類といわざるを得ません．分類の基準が明確ではなく，「関連多角化」企業の中でもさらにいくつかのタイプに分けて整理できるはずです．

多角化のタイプ分けで有名なものに，1970年代半ばに提唱されたルメルト（R. Rumelt）の研究があります．ここでは，まず企業が展開しているさまざまな事業領域について，「単位事業」の集合体ととらえています．「単位事業」とは，ある事業領域において行った重要な意思決定が，他の事業活動に大きな影響を及ぼすことがない程度に独立性を持つ範囲をさします．その結果，企業が展開する多角化のタイプは，この「単位事業」に応じて，次の3つの基準を順番に用いて識別することができる，としています．

まず最初に，特化率（SR：Specialization Ratio）があります．これは，最大の売上規模を持つ単位事業の売上高が，全社の売上高の何％を占めているかを示す割合です．特化率が高いということは，特定の「本業」に事業が集中していることを示します．低ければ，さまざまな分野に分散していることを示します．

次に，垂直比率（VR：Vertical Ratio）があります．たとえば加工組立型産業の場合，原材料となる素材はまず部品に加工され，さまざまな部品を集めて最終商品を組み立てるというプロセスをとりますが，素材→部品→最終組立→販売という業務の流れを1つの企業内に取り込むことを「垂直統合（Vertical

Integration）」といいます．具体的にいうと，日本電気（NEC）や富士通は，大手半導体メーカーであると同時に，大手パソコンメーカーであり，大手通信機器メーカーでもあります．この場合，部品である半導体の単位事業と，半導体を大量に用いて組み立てたパソコンや通信機器の単位事業との間には垂直的統合関係がある，といいます．垂直比率は，垂直統合的関係のある単位事業のグループがある場合，そのグループ全体の売上高が，全社の売上高の何％を占めているかを示す割合です．垂直比率が高いということは，事業の垂直統合が進んでいることを示します．

　最後は，関連比率（RR：Related Ratio）があります．これは垂直統合的関係ではなくとも，技術や市場に関して何らかの形でつながっている単位事業のグループがある場合，最大の売上規模の関連事業グループの売上高が，全社の売上高の何％を占めているかを示す割合です．関連比率が高いということは，前述のようなシナジー効果を持つさまざまな単位事業群が社内に存在していることを示します．この基準はかなり広く用いられており，日本でも1980年代初頭に，神戸大学の吉原英樹教授らが，ルメルトの基準をもとに日本企業を対象として同様の分析を行い，有効性を検証しています．

10.8　多角化の8つのタイプ

　以上に示した，特化率 SR，垂直比率 VR，関連比率 RR の3つの基準を順番に用いて，次に述べる4段階の判定を行い，企業の多角化を8つのタイプに分類してみましょう．

　第1段階として，特化率が0.95以上，つまり最大規模の単位事業の売上高が，全社の売上高の95％以上を占めているかどうかを見ます．特化率が0.95以上であれば，この企業のとっている多角化戦略のタイプは専業型（S）と呼ばれます．吉原教授らも，日本での代表例としてトヨタ自動車をあげています．トヨタ自動車の売上高のほとんどは自動車事業で占められ，住宅事業などに多少は多角化しているものの，その構成比は極めて小さいといえます．

第2段階として，特化率 SR が 0.95 に満たない企業の中で，垂直比率 VR が 0.7 以上，つまり垂直統合的関係のある単位事業のグループの売上高が，全社の売上高の 70% 以上を占めているかどうかを見ます．垂直比率が 0.7 以上であれば，この企業のとっている多角化戦略のタイプは垂直型（V）と呼ばれます．日本では，素材の合成繊維事業から化学関連事業，繊維製品事業へと多角化していった東レなどが代表的といえます．

　第3段階として，特化率 SR が 0.95 に満たず，かつ垂直比率 VR も 0.7 に満たない企業の中で，特化率 SR が 0.7 以上 0.95 未満のものを選び出します．この企業は専業型ほどではないにせよ，特定の分野を本業としながら，いくらか多角化を進めている企業と見ることができます．このような企業のとっている多角化戦略のタイプは本業中心型と呼ばれますが，このタイプの多角化戦略は，さらに集約型（Constrained）と連鎖型（Linked）に分類することができます．本業中心・集約型（DC）は，本業で培った特定の種類の経営資源や能力を複数の単位事業群で共通利用することによって，本業を中心に各事業が緊密に結びついた多角化のタイプです．本業中心・連鎖型（DL）は，本業で培った経営資源や能力から新規事業が生まれ，その新規事業で培った経営資源や能力から，連鎖反応的にさらに次の新規事業を展開していくような多角化のタイプです．

　日本では，本業中心・集約型の代表的企業は，化粧品を本業として，そこで培った経営資源を石鹸や歯磨きといったトイレタリー事業に拡大していった資生堂などをあげることができます．また本業中心・連鎖型では，楽器からはじまり，オートバイ，スキーなどのスポーツ用品，レジャー関連などに連鎖的に多角化を進めたヤマハなどをあげることができるでしょう．

　第4段階として，特化率 SR も垂直比率 VR も 0.7 に満たない企業の中で，関連比率 RR が 0.7 以上のものを選び出します．これに該当する企業は，突出した「本業」が見えない代わりに，技術や市場という側面から見て，何らかの関連性のある単位事業群を多く持つものといえます．このような企業のとっている多角化戦略のタイプは関連型と呼ばれますが，このタイプの多角化戦略も上記と同様に，さらに関連・集約型（RC）と関連・連鎖型（RL）に分類する

ことができます．日本では，関連・集約型の企業が比較的多く，大手電機メーカーのほとんどは，この分類にあてはめることができるでしょう．一方，関連・連鎖型をあげるとすると，味の素などが該当するでしょう．

以上4つの段階のいずれにも該当しない企業は，関連性の乏しい単位事業群を抱えたものと見ることができます．このような企業のとっている多角化戦略のタイプは，非関連型と呼ばれます．日本ではなかなか「成功例」をあげづらいのですが，宇部興産などはこれに近いといえるでしょう．

さらに非関連多角化企業でも，特化率 SR が比較的高めで，本業が見られるものの，それとは関連性を持たない分野に多角化しているものを本業中心・非関連型（DU）といいます．その一方，アメリカの企業活動に見られる特徴として，関連性のない新事業を次々と買収し，さらに不要となった事業を売却していくことで，成長性の高い分野に多角化していくものを，コングロマリット（Conglomerate）型といいます．

アメリカでは，1960年代に多くのコングロマリットが登場してきました．この時期に成長した企業の中でも，比較的日本人になじみのある企業としては，ITT をあげることができます．ITT は，もともと International Telephone and Telegraph の頭文字を取ったもので，1920年に電話会社として設立されました．1960年には売上高で全米51位の電話会社であったといいます．ITT は 1961年から，合併・買収を通じた非関連多角化にきわめて積極的に取り組むようになりました．1980年までに合併・買収した企業の代表的なものをあげると，シェラトン・ホテル，エイビス・レンタカー，レイオニア（化学セルロースメーカー），コンチネンタル・ベーキング（製パン・製菓業），レビット＆サンズ（住宅建設業），グリンネル（自動防火設備メーカー），キャンティーン（自動販売機），ハートフォード火災保険，シャウブ・ローレンツ（家電メーカー）などがあり，さらに多くの企業群が続きます．これらの事業はきわめて広範囲にわたり，これらを結びつける共通点は，一定の財務基準だけであろうと思われます．

このようなコングロマリット形成の結果，1960年から1980年までの間に

ITTは，売上高を約22倍に伸ばし，全米13位の多国籍コングロマリットになったのです．日本ではなかなか見られない企業形態ですが，これに近いものというと，おそらくソフトバンクをあげることができるかと思います．

10.9 多角化のタイプと業績

　ルメルトはアメリカ企業を対象として，以上の基準に従って分類した多角化のタイプと業績を整理して，次のような結論を得ました．

　一般的に，売上成長率や利益成長率は多角化の程度の高い企業のほうが，そうでない企業より大きいといえ，コングロマリット型がもっとも大きいのですが，これを除けばピークは関連・集約型となります．しかし，投下資本収益率や自己資本利益率を見ると，中程度の多角化を行っている企業が優れており，関連・集約型と本業・集約型のいずれもコングロマリット型を大きく上回っています．

　一方，日本では固有の事情として明確なコングロマリットが見られないために，これを除いた7つのタイプに分類した結果，ほぼ同様の傾向が明らかになりました．基本的には図10.2のように，多角化の程度が増すにつれて，成長性はほぼ直線的に増大し，収益性は中程度の多角化でピークに達したあとに低下することになります．つまり，ある一定の多角化の進展を超えると，成長性と

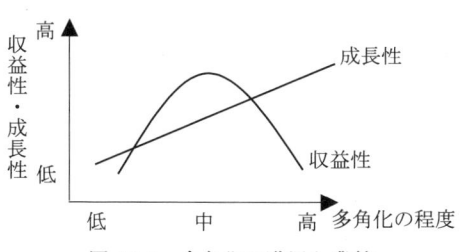

図10.2　多角化の進展と業績

（出典）　吉原英樹・佐久間昭光・伊丹敬之・加護野忠男：『日本企業の多角化戦略』，日本経済新聞社，p.181，1981年．

収益性の間にトレードオフの関係が見られることになるのです．このことから，成長性という観点からは非関連であっても多角化が進んだほうが有利といえますが，収益性という観点からは，関連性が高くシナジーの発揮しやすい分野に絞って多角化した方が有利ということになります．

【演習問題】

① アンゾフの成長ベクトルとはどのようなものか説明しなさい．

② ルメルト，吉原の多角化企業の類型化の基準とはどのようなものか，説明しなさい．

③ 事業の多角化にはシナジー効果が重要といわれる理由を説明しなさい．

第 11 章　事業管理手法の発達

　現代史において，1970年代初頭は「歴史の転換点」であるといわれます．ドラッカー（P. F. Drucker）が『断絶の時代』の中で述べていたように，欧米や日本など，いわゆる先進諸国において産業構造が大きく変化してきたからです．鉄鋼や自動車など，規模の経済による「ものづくりの効率化」を中心とした従来型の基幹産業が成熟化して，代わって知識労働者を中心とした新産業が台頭し，さらにグローバル経済の出現などが顕著となってきました．

　これを転機として，経営戦略のあり方も大きく変化してきます．1960年代から多角化を進めてきた大企業が，1970年代の厳しい経営環境の中で，数多くの事業を全社的立場からいかにきめ細かく事業を管理していくか，限りある経営資源をどのように配分するか，その巧拙が企業業績を大きく左右するようになりました．現在および将来に向けて利益に貢献する事業を積極的に支援し，利益の期待できない事業を整理して，事業構造を組み替え，限りある経営資源を有効活用することが求められます．そのために，明確なガイドラインにもとづくさまざまな手法が開発され，中間管理職や経営スタッフを養成するビジネススクールも増加していったのです．

　この時代によくも悪くも有名となったものが，プロダクト・ポートフォリオ・マネジメント（PPM）の手法です．ボストン・コンサルティング・グループ（BCG），マッキンゼー，アーサー・D・リトルなどの有名コンサルティング会社が，それぞれのやり方を打ち出しましたが，もっとも有名になったものがボストン・コンサルティング・グループの開発した成長－シェア・マトリクス法

でしょう．プロダクト・ポートフォリオ・マネジメントは，経営学分野には珍しく，定量的な分析枠組みと精緻な論理構成を特徴としています．そのため，きわめて説得力に富み，第二次世界大戦後の世界中の大企業の経営にもっとも大きな影響を与えた概念といっても過言ではないでしょう．

第 11 章では，代表的な経営管理手法であるプロダクト・ポートフォリオ・マネジメント（PPM）について，詳しく観察してみましょう．

11.1　市場の成熟度とキャッシュフロー

プロダクト・ポートフォリオ・マネジメントでは，社内の各事業を分類する際に「戦略事業単位（Strategic Business Unit）」という概念を用います．通常，社内で事業を分類する枠組みに「製品別事業部制」がありますが，この事業部と戦略事業単位は必ずしも同一ではありません．というのは，仮にある 1 つの事業が社内の他の事業と比較して，売上規模や人員などで飛び抜けて大きい場合，他とのつり合い上，事業部を複数に分割して「××第 1 事業部」，「××第 2 事業部」などと称する場合があり，またスタートアップしたばかりの小さな事業では「事業部」にならず，課の単位であったり，事業部とは別のインキュベーション部門にまとめられたりするからです．そのため，売上規模や人員とは無関係に，

- 単一事業である
- 明確に識別されるミッションを持つ
- それ自身で独立した競合者を持つ
- 責任ある経営管理者を持つ
- 一定の資源をコントロールする
- 戦略計画から恩恵をこうむる
- 他の事業と独立して計画ができる

という基準のみで分類したものが，戦略事業単位です．

プロダクト・ポートフォリオ・マネジメントでは，戦略事業単位を 2 つの側

面で評価します．第1は，ボストン・コンサルティング・グループが1960年代後半に発見した「経験曲線効果（Experience Curve Effect）」です．そして第2は，「製品ライフサイクル（Product Life Cycle）」です．

経験曲線効果は，第5章で述べたとおり，企業の製品の累積生産量が倍増するごとに，製品の単位あたり製造費用が一定の率で低下するという経験則です．グラフでは，図5.2のように横軸に累積生産量を対数目盛で取り，縦軸に単位あたり製造費用をこちらも対数目盛で取った平面上で，右下がりの指数方程式直線として示すのが一般的です．何年にもわたるデータの場合は，製造費用も物価指数などを用いて，現在正味価値に換算する必要があります．経験曲線効果は，「ものづくりに慣れてくれば，手際がよくなる」という習熟効果だけでなく，分業の見直しと職務の専門化，作業方法や製造工程の改善や開発，生産設備の能率向上，経営資源配分の見直し，製品や部品の標準化や設計改良など，広範な経営努力の総和によって製品の単位あたり製造費用が低下することをまとめたものです．

ここで，累積生産量が多いということは，その企業の製品が市場に広く浸透し，マーケット・シェア（Market Share）が高いことを意味します．したがって，同じような製品を同じように製造して販売している企業間であれば，製造費用の違いはマーケット・シェアの多寡に依存することになります．同質的な競争において，市場取引価格は各企業の製造費用とは無関係に一定の「相場」に収斂するはずです．そのため，マーケット・シェアが最大の企業が，最低の製造費用と最大の利益率を得ます．各企業の売上金額はマーケット・シェアに比例するはずですが，利益はそれに利益率を掛け算するため，マーケット・シェアの大きな企業と小さな企業では利益面での格差がますます広がっていくことになります．このように，経験曲線効果は「強いものは，ますます強く．弱いものは，ますます弱く」という，弱肉強食の市場競争原理を，もっとも端的に表しているといえます．

製品ライフサイクル（図6.1）も，第6章で述べたとおり，事業や製品には時間的経過とともに導入期，成長期，成熟期，衰退期というステージの経緯を

たどり，売上金額が変化することを示したものです．導入期にはまだ製品の知名度も低く，売上も低水準で推移します．この時期は研究開発や量産のための設備投資，知名度を高める宣伝広告費などの先行投資が必要であり，大幅な赤字となるのが通例です．

市場導入後，ある程度の時間が経過し，知名度も向上し，製品の平均価格も手頃になってくると，売上が急増するようになり，いわゆる成長期に入ります．この時期には売上が増えるものの，成長市場としてライバル企業との競争も激しく，市場の拡大に対応するために設備投資も必要であり，競争に勝つための製品開発や宣伝広告にも資金を必要とします．

成熟期に入ると，市場の伸びが鈍化し，新規参入の企業もなくなり，競争もほぼ膠着状態に入ります．さらに衰退期に入ると，市場規模がマイナス成長となるため，撤退企業も増えます．しかし，この時期まで勝ち残っていた企業は，売上規模こそ減少するものの，新規の設備投資や，研究開発，宣伝広告も不要となり，さらに経験曲線効果が作用して，きわめて低コストで製品を製造でき，相対的にかなり大きな利益を生み出すことができます．

以上のように，経験曲線効果の進み具合を相対的マーケット・シェアで計り，製品ライフサイクルの進み具合，つまり市場の成熟度を市場成長率が経済全体の成長率より大か小かで計れば，製品ライフサイクルの各ステージの進行状況に応じた資金の流入・流出を推測することができます．ここでいう相対的マーケット・シェアとは，自社のシェアと自社以外でもっとも大きなシェアを持つ企業との比のことです．もし自社が最大のシェアを得ていれば，「自社以外で最大のシェアをもつ企業」は2番手企業となり，相対的マーケット・シェアが1以上となり，逆に自社が2番手以下の企業であれば相対的マーケット・シェアは1未満となります．さらに，仮に4番手であっても「ドングリの背比べ」状態の場合と，2番手であってもトップ企業から大幅に引き離された場合とでは，「ドングリの背比べ」状態の方が逆転のチャンスは大きく，経験曲線効果を考えてもコスト的にそれほどのハンディキャップにはなっていないと考えられます．このような競争環境を表す指標が，相対的マーケット・シェアというこ

とになります．

11.2 多角化と成長―シェア・マトリクス

多角化した企業においては，プロダクト・ポートフォリオ・マネジメントの考え方に従って，社内の各事業を管理するためには，図 11.1 に示すように，縦軸に市場成長率の高低，横軸に相対的マーケット・シェアの高低を取った4つのセルからなる「成長―シェア・マトリクス（BCG マトリクスともいいます）」を用い，この上に，それぞれの戦略事業単位をマッピングしていきます．

4つのセルには，それぞれにユニークな名前がつけられています．市場成長率が高い，つまり市場が成長期にあり，かつ自社の相対的マーケット・シェアが高い場合を「花形（Star）」といい，相対的マーケット・シェアの低い場合を「問題児（Wild Cat）」といいます．一方，市場成長率が低い，つまり市場が成熟期ないし衰退期にあり，かつ自社の相対的マーケット・シェアが高い場合を「金のなる木（Cash Cow）」といい，相対的マーケット・シェアの低い場合を「負け犬（Dog）」といいます．

経営者の理想的意思決定は次のようになります．「問題児」に分類された戦略事業単位の内容を精査して，今後資金を投入すれば業績改善の可能性があるのか，ないのかを峻別します．次に「金のなる木」の戦略事業単位を資金源として，ここから生み出された資金を業績改善の可能性のある「問題児」に投入

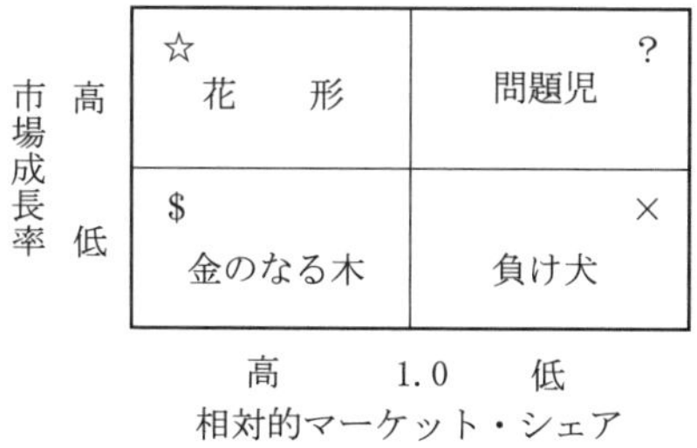

図 11.1 成長―シェア・マトリクス

し,「花形」へと転換を図ります.「花形」の地位を維持できれば,時間の経過とともに市場も成熟化して,それらは次世代の「金のなる木」となります.さらに次世代の「金のなる木」から生まれた資金を次世代の「問題児」に投入して,次世代の「花形」に転換させて,次々世代の「金のなる木」とします.その間に「負け犬」や業績改善の可能性のない「問題児」の戦略事業単位については,資産を少しでも多くのキャッシュに換えながら,早く撤退させます.このように,戦略事業単位の間に太い資金の流れを形成して,中長期的に安定した経営を目指します.

11.3 PPMの光と陰

　プロダクト・ポートフォリオ・マネジメントの利点は,さまざまに異なった特性を持つ多くの戦略事業単位を,資金の流れという視点のみで一元的に管理できることです.高度に多角化した企業の場合,トップマネジメントはすべての戦略事業単位の個別的・即物的な問題に精通できるわけではありません.しかし,プロダクト・ポートフォリオ・マネジメントに従えば,それら個別的・即物的な問題を一切捨象して,数字のみで意思決定できることになります.非関連多角化企業が傘下の事業群を管理する際の基本原理もここにあります.これが1970年代にプロダクト・ポートフォリオ・マネジメントが一世を風靡した理由です.

　第1章で述べた通り,1970年代には,アメリカでビジネススクールの設立件数が急増しています.ビジネススクールでプロダクト・ポートフォリオ・マネジメントなど当時の最新の手法を学んだMBAが大量に養成されましたが,当時のMBAのイメージは,企業の中枢に座り,多角化した事業群の現場も知らずに収益性などの数字だけを見て,いたってドライに意思決定するテクノクラートというものでした.

　日本でも,プロダクト・ポートフォリオ・マネジメントは企業経営に大きなインパクトを与えましたが,同時に反発も引き起こしています.プロダクト・

ポートフォリオ・マネジメントは，成長期以降にある既存事業の再構築にはきわめて有効ではあっても，これから事業を開始しようという場合の評価基準とはなり得ないためです．なぜなら，この手法はスタートアップ時点では，シェアがゼロであり，市場規模も小さく「負け犬」と判断され，そのままでは永久に新規事業など出現しないことになってしまうからです．また，「金のなる木」についても，ここでは投資などはなるべく行わず，ひたすら現行製品をつくり続けるのがよしとされてきましたが，成熟分野でも，先行投資がなければ衰退が早まることが観察されています．長期的に見れば，ある程度の投資は常に必要だということになります．

また，私の元同僚で，現在は日本大学大学院助教授の若林広二氏は，次のように述懐しています．

「1980年代初頭，家電メーカーに入社したての筆者は，ある事業部の幹部らにPPM分析をして見せて，散々な目にあったことがある．当時の事業部の主要商品群は，テープレコーダー，ラジオ，ラジカセ，ヘッドホンステレオ，カーオーディオ，トランシーバーなどに分類されていた．ラジオは高いシェアで市場の成長率は低いので金のなる木，ラジカセは低いシェアで成長率は高いので問題児，ヘッドホンステレオは独占的シェアで成長率も抜群なので花形，テープレコーダーは成長率が低くシェアも落ちてきているので金のなる木から負け犬への移行過程，と得意になって説明したとき，副事業部長が突然こんなことをいった．

『今でこそヘッドホンステレオは花形に位置付けられるが，世の中に出してヒットする前はテープレコーダーに分類されていた．その時同じ分析をしていたら，ヘッドホンステレオの開発は中止され，製品として日の目を見ることもなかっただろう．当社にとってこのような分析は害にこそなれ，良いことは何もない』

つまり，PPMで考えている限り，現状の延長線から脱却できず，ヘッドホンステレオのような革新的な製品は生まれてこないという意味である．実際PPM分析では，製品範囲の設定の仕方で結果はまったく異なる．ヘッドホン

ステレオの例のように，セグメンテーションを細かくとれば，事業の位置付けは違ってくる．テープレコーダーとしては負け犬だったものが，その中のヘッドホンステレオだけを取り出せば花形となる」(『ISM Review』，2002年8月上旬号より)．

このように，戦略事業単位や製品範囲の設定をあいまいにすると，分析自体に意味がなくなる危険性を持ちます．

組織メンバーのモラルの問題もあります．プロダクト・ポートフォリオ・マネジメントの最大の特徴は，戦略事業単位ごとに役割を認知して，行動にメリハリをつけるところにあります．しかし，「あなたの所属部門は，今年から負け犬となりましたので，今後は新しい試みなどは一切行わないことが会社への貢献の道です」といわれたら，働く元気が出るでしょうか？　日本人のメンタリティからすると「社内の全部門売上1割増」とか「全部門費用一律15％カット」などと「結果としての平等」を求める場合の方が多いようです．また，NHK総合テレビの『プロジェクトX』などを見ていると，永年「不採算部門」のレッテルを貼られながら，辛抱に辛抱を重ねた結果，ようやく陽の目を見た事業が実に多いことに気付きます．

このようにプロダクト・ポートフォリオ・マネジメントは，精緻に組み立てられた理論であり，産業界に大きなインパクトを与えながら，今日まで賛否両論渦巻く結果になっているのです．

【演習問題】

① 成長－シェア・マトリクスによるプロダクト・ポートフォリオ・マネジメントとはどのようなものか説明しなさい．

② プロダクト・ポートフォリオ・マネジメントの限界と問題点を述べなさい．

第 12 章　組織は戦略に従う

「組織は戦略に従う」という有名な命題は，1962 年（邦訳は 1967 年）にアメリカの経営史学者チャンドラー（A. D. Chandler）が，著書『経営戦略と組織——米国企業の事業部制成立史』の中で提唱したものです．先に述べたように，企業は自らを取り巻く環境に適合させて経営戦略を策定します．その戦略を実行するための組織もまた，環境や戦略に適合していなければなりません．環境と戦略と組織の間にはトライアングルな連鎖があるはずです．チャンドラーはアメリカの大企業発展の歴史をつぶさに研究した結果，環境変化により，新しい経営戦略が必要となり，それに従ってさらに新しい組織構造も必要となる，という関係を見出したのです．戦略と組織の適合は古くて新しいテーマです．

第 12 章では，経営学の歴史をさらに遡って，組織と戦略の相関関係についてひもといてみましょう．

12.1　大企業誕生への 3 つの道筋

東京経済大学の土屋守章教授（東京大学名誉教授）によれば，アメリカにおいて大企業が生まれてくる歴史的経緯を見た場合，大きく 3 つの道筋を見出すことができるとのことです．たとえば砂糖や火薬，灯油，石鹸などの消費財分野は，昔から全米のどこにでも大きな需要があり，各地にいくつもの製造販売業者がありました．アメリカでは 1869 年に大陸横断鉄道が開通しますが，こ

のような鉄道網の発達は市場の広さを一気に拡大し,「全国市場」が形成されました.その結果,上記のような製造販売業者にとっては販売地域が拡大するとともに,一方で全国の同業者との激しい競争にさらされることとなりました.

「全国市場」が形成されると,大量生産・大量販売の実現が企業の経営効率を大きく左右するため,社会的分業を進めて,企業ごとに生産品目を絞り込んで,狭い分野での規模の拡大を図っていきました.さらに1873年に起きた恐慌に際して,激しい競争の中で価格低下から採算割れして共倒れとなるのを防ぐため,業界内のリーダー的企業が主導して,価格の維持と生産量の割り当てを目的としたカルテル(企業連合)を形成しました.このカルテルの統制力を強めるために,同種類の生産に従事する企業が,市場・利潤の独占を目的として合同したものが,トラスト(企業合同)です.これが大企業化への第1の道筋でした.

第2の道筋は,19世紀後半の家庭用ミシンや農業機械,金銭登録機,紙巻きたばこ,冷凍食肉など,当時の新製品の消費財分野で起きました.これらの分野では,競争業者の数が少ないだけでなく,これらを取り扱う卸売商などの流通業者もいなかったため,これらの新製品の本格的事業化に乗り出した企業は,原料買い付け,製造,物流,販売などの諸機能をすべて自社内に取り込む必要に迫られました.いわゆる垂直統合型の大企業の誕生です.垂直統合型企業は,川上の原料買い付けから川下の製品販売まで,ものの流れを円滑に行うために,職能ごとに部門化・専門化して,多くの人員をそこに投入しました.トップマネジメントは,各部門に日々の活動を報告させて,次の職能別部門に引き渡す指示を出すことで,全体を調整していたのです.このように,トップマネジメント層のすぐ下から職能別の部門に分かれる組織構造を,職能別組織ないし機能別組織といいます.

第3の道筋は,1890年代以降にJ.P.モルガンなど,ウォール街の金融業者が進めた独占形成です.これは主として生産財の分野で起きました.金融業者たちは独占形成による利益を見込んで,同じ産業内の企業間合併を進め,USスティールやゼネラル・エレクトリック(GE)などの大企業を誕生させました.

第1の場合でも，第3の場合であっても，この大企業の傘下に入ったそれぞれの企業にとって，最初のうちは価格維持と生産割当を守ることが最重要課題であり，個々の事業活動そのものは独自に展開していたのです．チャンドラーは，これらの独占企業が法律的には1つの会社になっていたとしても，実質的には多くの企業のルースな連合にすぎなかった，と評しています．しかし，これらの企業も時間の経過とともに，市場での競争が激しくなってきます．特定の製品分野について，市場相場価格での利益率が高いとわかれば，その分野に自分も参入して利益を得たいと願う後発企業が増加するからです．

そのため，先行する大企業といえども，業務の効率化によって低コスト化を実現しなければならなくなってきました．19世紀後半から20世紀初頭にかけて，アメリカの大企業は，アダム・スミス以来の分業・専業化による生産効率の向上を第一義的にとらえており，特定の製品分野のみの単一事業を展開する場合がほとんどでした．単一事業での事業効率化を考えれば，職能別組織が適しているといえます．そのため，20世紀初頭には多くの企業で図 12.1 のような職能別組織が採用されるようになりました．

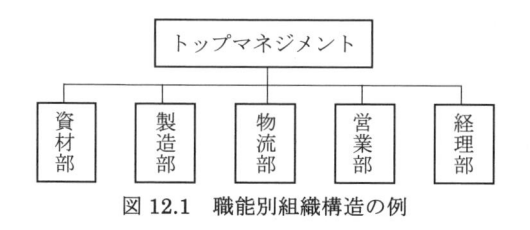

図 12.1　職能別組織構造の例

12.2　フォード社の職能別組織とゼネラル・モーターズの事業部制

第4章で説明したとおり，自動車産業において，世界最初のベストセラーカーは 1908 年に発売された T 型フォードであるといわれます．大量生産・大量販売により，一定水準以上の性能と品質を保ちながら，なおかつ一般大衆にも手の届く手頃な価格を実現し，アメリカに本格的モータリゼーション時代をも

たらした傑作車です．フォード社は，T型フォードを足かけ20年間で累積1,500万台以上生産しましたが，原材料の調達から完成品の販売まで一貫生産・販売体制をとりました．このように，あらゆる職能を社内に取り込むことを，垂直統合化といいます．実際に当時のフォード社は，海外に鉄鉱石の鉱山やタイヤのためにゴム園を持ち，アメリカ本土のリバールージュ工場には特殊鋼を製造するための溶鉱炉まで建設しています．この製鋼工場に入った鉄鉱石が，72時間後には完成車となって出荷されたといいます．このような一貫生産体制に合わせて，フォード社の組織構造も職能別組織を採用しました．T型フォードという単一車種をひたすらつくり続けるには，職能別組織がもっとも効率的であったわけです．

T型フォードの大成功の陰で，1908年にはもう1つ歴史に名前を残す大事な会社，ゼネラル・モーターズ（GM）が，デュラント（W. Durant）によって創業されています．デュラントは自動車業界におけるトラストの形成を目指していたのですが，J. P. モルガンやフォードなどの協力が得られず，アメリカ国内の中小の自動車メーカーを合併・買収して統合するという，中途半端な形でスタートすることになりました．ゼネラル・モーターズの傘下に入った企業は，それぞれ自立的に経営され，文字どおりルースな連合であったといわれています．しかし，1920年の不況による市場縮小の際に，各傘下企業は大量の製品在庫を抱えることになり，株価が急落したため，デュラントは退任せざるを得なくなりました．代わってCEOとなったのが，ゼネラル・モーターズ中興の祖といわれているアルフレッド・スローン（A. P. Sloan）です．スローンは元来，1916年に買収されたベアリングメーカーの出身だったのですが，彼はルースな連合によって，合併・買収前と大差ない雑多な製品群を抱えたゼネラル・モーターズの製品体系と組織を整理して，管理的統合を進めていきました．

第6章で述べたとおり，スローンは，まず生産車種を価格帯に応じて6つの基本モデルに分けて，互いに重複しないように整理しました．1920年代のアメリカでは，自家用車の世帯普及率が80%を超えており，市場の成熟化により買い換え・買い増し需要が中心で，顧客ニーズに合わせた製品の多様化が求めら

れる時代になっていました．ちなみに日本の年号でいえば大正末期から昭和初期にあたりますが，日本ではまだまだ自動車の存在自体が珍しい状況で，いかにアメリカのモータリゼーションの発達が早かったかがわかります．

　価格帯が違うということは，対象顧客の性質が異なるということです．市場には，値段の安さを第1として大衆車を求める可処分所得の少ない顧客も大勢いれば，値段はあまり気にせず，豪華で高性能な高級車を求める可処分所得の多い顧客も少なからずいます．たとえば，大衆車を売っていくためには下取り制度や割賦販売などを充実させ，いかに手軽に新車が買えるかを訴求する必要があり，高級車を売っていくためには豪華な点，高性能な点について時間をかけて理解させ，顧客満足度を高めていく必要があります．さらに，若い独身男性にはデートの口実用にクーペスタイルのスポーツカーが必要でしょうし，扶養家族の多いファミリー層にはワゴンタイプが好まれるでしょう．また毎年のモデルチェンジで「計画された陳腐化」を図り，買い換え需要を喚起していきます．

　このように価格帯を1つの基準として，必要とされる製品も異なり，セールスアプローチも異なる，いわば別の市場，別の事業と考えることができるのです．

　このような市場のとらえ方は，今日まで続くものです．今日の自動車ビジネスの仕組みは，アルフレッド・スローンによって確立されたといっても過言ではないでしょう．

　このような事業展開に対して，ゼネラル・モーターズでは事業部制という組織形態を採用しました．事業部制とは，トップマネジメント層のすぐ下から特定の製品分野ないし市場ごとに組織を区分して，それぞれの部門ごとに製品開発，製造，販売，管理などの諸機能を配置し，総務や人事など製品や市場とは直接的には関係のない部門のみをトップマネジメントの直轄部門とする組織構造です．事業部を英語では **Division** といいますが，これは同時に軍事用語で陸軍の「師団」を表します．師団は，歩兵，砲兵，通信科，輸送科，衛生科などさまざまな兵種を統合し，それ自体で自立的に戦闘継続が可能な，最小戦闘単

位を示します．企業の事業部も同様に事業展開に必要な諸機能を持ち，自律的に運営が可能な組織形態です．この場合，事業部長はいわば特定分野のミニ社長として権限委譲を受け，同時に大きな責任を負うことになります．その結果，事業部制組織の企業においては，全事業部の売上ならびに営業利益の合計が，全社的な売上ならびに営業利益となります．したがって各事業部の業績を見れば，どの分野がどれだけ利益に貢献しているか，あるいは足を引っ張っているかが一目でわかり，トップマネジメント層にとって評価を下しやすいものとなります．

ゼネラル・モーターズでは，図 12.2 のように社内の組織もキャデラック，ビュイック，ポンティアック，オールズモビル，シボレーの5つの製品別事業部に再編しました．まず本社で全体の調整と事業計画・資源配分を決定し，各事業部ではそれぞれの市場に合わせた製品の製造から販売まで責任を負っています．それ以前のあまりに自立的な経営に対して，本社に権限を集める方向で管理的統合を強めていったのです．

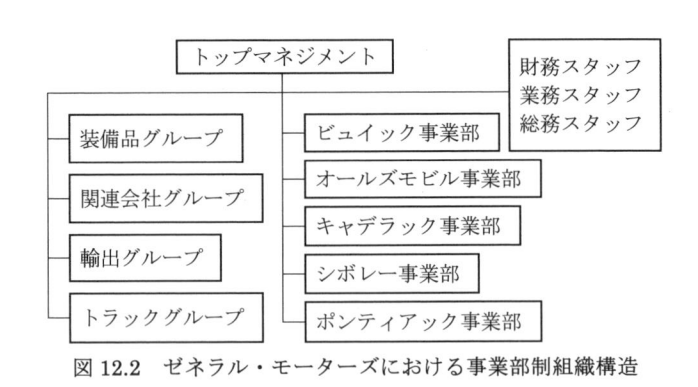

図 12.2 ゼネラル・モーターズにおける事業部制組織構造

12.3 デュポンの製品別事業部制

ゼネラル・モーターズと並んで，もっとも古い時代から事業部制を採用した企業に，総合化学メーカーのデュポンがあります．しかし，デュポンが事業部

制を採用したのは，ゼネラル・モーターズと正反対の理由によります．

　デュポンは，19世紀末には同族的な火薬トラストの盟主であり，20世紀初頭には管理的統合によって職能別組織を採用していました．当時のデュポンの主力製品は火薬・爆薬であり，第一次世界大戦中に生産設備も人員も大増強して，軍需産業として巨万の富を築きました．ただ，デュポンが他の企業と異なっていたのは，大戦中からすでに戦後の設備や人員の余剰化・遊休化を意識して，新規事業の開発に乗り出していたことです．そのため1918年の休戦時には，火薬・爆薬の他に，工業用化学薬品，塗料，染料，化学繊維などの新規事業がそろっていました．これらは技術も異なれば，市場・顧客も異なります．アメリカの大企業は特定産業分野での独占を図って形成されてきたという背景から明らかなように，単一の事業に焦点を絞って展開する傾向にありました．

　デュポンはさまざまな製品分野に多角化したアメリカ大企業としては，きわめて早い部類に属します．しかし，1919年から1920年にかけての不況期に，デュポンは創業以来はじめての赤字に転落します．その原因を調査した委員会は，きわめて重要な指摘をすることになります．赤字化の直接の原因は新規事業，とりわけ塗料事業の販売不振にありました．しかし，その根元的な問題はデュポンの組織構造にあると分析したのです．デュポンは新規事業の展開に対しても，従来の火薬・爆薬の製造販売に最適化した職能別組織をそのまま利用していました．たとえば製造部長の下に各製品分野担当の製造課長が並び，同様に営業部長の下に各製品分野担当の営業課長が並んでいたのです．そのため，特定製品分野の製造販売間の調整にもいちいちトップマネジメント層を介在させて行う必要があり，小回りのきく事業展開が困難だったのです．この委員会の答申に従い，デュポンでは製品別ないし事業別に利益をあげる責任を持つ事業部長を置き，そのもとでそれぞれの事業の製造から販売までを統括させる事業部制を導入することになったのです．

　デュポンとゼネラル・モーターズは，ほぼ同時期に，正反対の理由で事業部という組織構造を取り入れることになりました．ゼネラル・モーターズは自立性を弱め，管理的統合を実現する集権化の手段として事業部制を採用し，デュ

ポンは経営多角化によって増加した事業の調整を行う分権化の手段として，事業部制を採用したのです．両社は 1930 年代の大不況期にも増収増益を続けたため，事業部制の組織構造が，大企業の組織の 1 つのあり方として定着してきました．日本でも，1933 年には松下電器産業がいち早く事業部制を採用しています．さらに第二次世界大戦後の 1950 年代に入り，大企業の多くが経営多角化を進めるようになると，ゼネラル・モーターズやデュポンの事業部制が経営の模範として語られるようになります．経営学者のドラッカー（P. Drucker）もゼネラル・モーターズの経営組織を「連邦的分権制」と呼んで，民主的な経営と絶賛しています．

このように，単一事業を営む専業企業では職能別組織が効率を高めるのに有効な組織構造であり，関連多角化戦略を採る企業では事業部別組織が適しているということができるのです．

12.4　持株会社とコングロマリットの登場

1960 年代末から 1970 年代に入り，第 11 章で解説したプロダクト・ポートフォリオ・マネジメント（PPM）の手法が広く知られるようになると，これを背景に，従来の本業と関連性があろうとなかろうと，成長性の観点からのみ多くの部門を買収し，また役立たなくなったと思う部門を売却していくことで，あくなき成長を実現しようとする，ある意味でアグレッシブな企業が台頭してきました．このようなタイプの企業をコングロマリット（Conglomerate）と呼びます．

それまでの大企業が組織の拡大要因をあくまで内部経営資源の側からとらえていたのに対して，コングロマリットの組織拡大要因は部門の買収および売却によっています．日本では，第二次世界大戦後の集中排除法によって財閥解体が進んだ結果，このような形態の企業の例がなかなか見られないのですが，アメリカではテラダイン，あるいは ITT やハンソントラストなどの企業名が知られています．ただし，これらは 1 つの企業ではなく，全体を統制する持株会社

と，それぞれの部門ごとの事業子会社とで成り立つ「企業グループ」ととらえるほうが適切です．また，このような形態の多角化は，事業子会社間に技術的ないし市場的なシナジーをほとんど期待していないため，「非関連多角化」と呼ばれています．このような場合，持株会社は傘下に収めた事業子会社を，単に財務的操作で評価しているだけといえます．

つまり，まず「金のなる木」の事業を買収し，その資金で成長性の高い事業を次々と買収していきます．そこで「花形」と「問題児」の事業子会社はグループ内に残しますが，「負け犬」となったものは売却していきます．その結果，ハイテク分野などで急成長している子会社が残りますから，それを前面に出すことで，持株会社の株価は実勢より高めに評価されます．株価が高ければ，株式の時価発行などの資金調達がしやすくなります．場合によっては，"売り時"の「花形」の事業子会社を高額で他社に売却して利益をあげることもあります．さらに株式交換などの形をとって多くの企業を買収しますが，グループ全体での資産額や売上高が当然成長するので，持株会社の株価はさらに高めに評価される傾向があります．

ここで問題となるのは，最初に踏み台となる「金のなる木」の取り扱いです．PPMの考え方に従えば，この分野の事業では投資を極力控え，他の部門への資金源としてキャッシュを提供することが「正しい」役割ということになります．そのため，既存の成熟化した大企業の多くの伝統事業部門がコングロマリットに買収され，いわば骨までしゃぶりつくされて，衰退への道を早めていくことになってしまいました．また，コングロマリット自身も自転車操業的な側面を持つため，ひとたび経済成長が鈍るととたんに資金繰りに窮することになりますし，カリスマ的経営者の引退にともなって後継者が全体を統括しきれなくなる場合も多く，1980年代には人気を失っています．

ただし，このようなコングロマリットは極端な例としても，欧米において持株会社制による非関連多角化企業グループは，今日でも珍しくはありません．高度に関連多角化した事業部制組織の企業では多数の本社スタッフを抱え，全体の統制に多大なエネルギーを投入しているのに対して，非関連多角化した持

株会社制企業グループでは，本社は財務的な管理を行うだけなのでスタッフの数も少なく，事業部門間での社員の処遇の違いなどを調整する必要もないため，うまくいけば環境変化に素早く対応できる小回りのきいた経営を行える可能性もあるからです．つまり，単一の製品分野に集中した企業には職能別組織，関連多角化した企業には事業部制組織，非関連多角化企業には持株会社制が適合していると考えることができるのです．

12.5　社内ベンチャー

　新規事業を社内から立ち上げるのを促進する組織的方法として，社内ベンチャー制を導入する企業が 1980 年代以降増えてきました．製品や技術の関連性という点で，従来の事業部の枠組みにはあてはまらないようなまったく新しい事業や，あるいは事業部間のすき間に落ちこぼれそうな事業を，自ら手を上げた少数精鋭のメンバーに大幅な権限を委譲して推進しようという方法です．現在の目から見れば，デュポンの事業部制なども一種の社内ベンチャーだったと考えることができるかもしれません．

　1920 年代にはきわめて斬新な考え方だった事業部という組織構造も，歳月とともに硬直化し，若さを失ってきたきらいがあります．そのため，事業部は既存事業の効率化を追求する組織ととらえ，社内ベンチャーは新規事業の早期立ち上げを行うゲリラ部隊と考えられているようです．社内ベンチャーは大企業の社会的信用度と，ベンチャー企業の小回りのきいたフレキシブルな運営の「いいとこ取り」をねらったものといえるでしょう．

　社内ベンチャーによる新規事業早期立ち上げの例として代表的なものに，アメリカ IBM のパソコン事業があります．1980 年代初頭，パソコン分野に出遅れていた IBM は，社内ベンチャー組織を設け，部品でもソフトウェアでも何でも内製する方針や直販体制を改め，市場にある評判のよいデバイスやソフトウェアを調達して，パソコン「IBM-PC」を商品化し，代理店経由で販売する方針を採用しました．これが，今日もっとも広く用いられている Windows パ

ソコンのルーツであることは,説明するまでもありません.このような新規事業の早期立ち上げという成功体験を社内に広く組織学習させ,社内を活性化していくという役割が社内ベンチャーにはあります.

12.6 カンパニー制と事業部制

　1994年にソニーと三菱化学が導入した社内カンパニー制は,日本企業に大きな反響を呼び,数年のうちに社内組織の名称として定着した感があります.アメリカ企業では,持株会社のようにグループ全体を統括する組織をコーポレート,具体的な事業部門(独立法人の場合もあれば,「事業部」に相当する部門の社内名称の場合もありますが)をカンパニーと,両者を区別して用いる場合が多いようです.日本の社内カンパニー制は,あくまで社内組織の部門名として「カンパニー」を用いており,独立した法人格を持つわけではありません.トップマネジメント層のすぐ下で,製品分野や事業分野ごとに組織を分け,その中で製品開発,製造,販売,管理などの諸機能を含みます.その意味では事業部制と本質的な違いはないともいえるでしょう.では,事業部とカンパニーではどこが違うのでしょうか？

　まず第1に,カンパニーのほうが本社からの権限委譲が進み,大きな意思決定をカンパニーのトップが行えることになります.そのため意思決定がスピードアップされ,環境変化への素早い対応が可能です.

　第2に,内部管理会計上の違いがあります.事業部制では基本的に損益計算書(P/L)についてのみ事業部長が責任を負っていたのに対して,カンパニー制ではカンパニーのトップが,損益計算書に加えて貸借対照表(B/S)についても責任を負うことにしている企業が多いようです.損益計算書のみを重視すると,事業部長はどうしても当期利益の最大化を最優先しがちです.そのため,当期利益にはすぐに貢献しそうもない研究開発費などは削減する方向に走ります.すると,数年後には魅力的な製品を生み出せなくなりますが,その間に見かけの業績を高めていた事業部長は,すでに別のポストに栄転していたりする

ものです.「一将功なって万骨枯る」という状態でしょう.貸借対照表についても責任を持つということは,中長期的視点から判断しなければならないということです.研究開発費についても,たとえば繰延資産化などの評価方法をとれば,仮想的な貸借対照表に反映させることが可能です.

　第3に,本社スタッフの人数を減らすことができます.カンパニー側に大幅に権限委譲を行えば,本社に残る機能は,わずかな全社的調整職能のみとなります.「小さな本社」が実現できれば,カンパニー側に配賦しなければならない一般管理費も減り,それぞれのカンパニーの業績が,より実態に近いものとなります.このように,カンパニー制は事業部制を持株会社制に一歩近づけた組織形態と考えることができます.日本においてこのような(ある意味で中途半端な)折衷型組織が話題となるのは,持株会社や連結納税の制度がまだ十分に職能していないためともいえるでしょう.

【演習問題】

① アメリカで大企業が生まれる3つの道筋とはどのようなものであったかをまとめなさい.
② 事業部制組織が環境変化に対して有効であるのはなぜか,説明しなさい.
③ 第12章の事例のほかにカンパニー制を採用している企業を調べ,事業部制組織とどのように異なるかをまとめなさい.

第13章 戦略は組織に従うのか？

　前章ではチャンドラー（A. D. Chandler）の有名な命題「組織は戦略に従う」の意味について説明しました．しかし，もう1人の経営戦略論の開祖，アンゾフ（H. I. Ansoff）は，正反対に「戦略は組織に従う」と述べています．戦略と組織のどちらを優先させるのか，という論争は「鶏が先か，卵が先か」という論議に似ていますが，この2人の意見のどちらが正しいのか？　と，みなさんは疑問に思われることでしょう．

　しかし，「どちらも正しい」というべきなのです．これは，決して偉大な2人の先人の顔を立てるための玉虫色の答ではありません．チャンドラーとアンゾフのいう「組織」の意味するところが違うからです．つまり，チャンドラーが組織構造（Organizational Structure）を重視していたのに対して，アンゾフは組織風土（Organizational Climate）を重視していたという違いです．そのため，アンゾフの言葉をもう少し補うと「戦略形成は，組織風土の影響を色濃く受ける」ということになるのです．

　第13章では，戦略形成と組織の関係を，特に戦略と組織の革新という立場から考えてみましょう．

13.1 戦略と組織

　チャンドラーが示した「組織は戦略に従う」という命題の意味は，単一事業を行う企業には職能別組織が適合し，関連多角化企業には事業部制組織が適合

し，非関連多角化企業には持株会社制組織が適合するというように，企業が特定の戦略を採用すると，その実行に最適な組織構造が自ずと決まってくるということでした．また，この命題は戦略の策定と実行が明確に区別されることも意味しています．つまり，戦略の策定はトップマネジメントの仕事であり，ミドルマネジメント以下は，策定された戦略を忠実に実行するというものです．ひとたび戦略が策定されれば，戦略に適した組織が組み立てられ，人事評価や報酬体系が見直され，組織によって戦略が速やかに実行されるはずである，という考え方です．

これに対してアンゾフは，戦略を「部分的無知の状態のもとでの意思決定のためのルール」と考え，新しい戦略が策定されても，それに対する組織の抵抗によって，戦略はほとんど実りを結ばないという組織の壁が存在することに気付きました．新しい戦略は，往々にして組織の変革を要求するものであり，組織は何とか変革を引き延ばそうとしたり，妨害したりするものです．

このように，企業のトップマネジメントやミドルマネジメントが決して全知全能の存在ではない，という発想は，現代経営学の最大の特徴であり，経済学との大きな違いであるといえるでしょう．経済学的な考え方の根底には，完全な客観的合理性にもとづいて最適化行動を行う，「経済人」仮説があります．しかし，経営学においては，「ノーベル経済学賞を受賞した最初の経営学者」のサイモン（H. Simon）に代表されるように，「制約された合理性」にもとづいて満足化行動を行う「経営人」仮説という考え方が支配的です．サイモンによれば，客観的合理性とは，行動している主体が次の3つによって，自分の行動すべてを統合されたパターンへとつくりあげることであるとしています．

第1に，意思決定に先立って，パノラマのように代替的選択肢を概観すること，第2に，それぞれの選択肢によって生ずる複雑な諸結果の全部を考慮すること，第3に，代替的選択肢から1つの行動を選択できる基準としての価値体系を持っていること，の3点です．しかしながら，現実の行動では，知識の不完全性と予測の困難性，行動の可能性の範囲的制約があり，理想的条件とはほど遠いところで意思決定せざるを得ないわけです．これが「制約された合理性」

の意味するところです．

　このような制約，つまり「部分的無知」のもとでトップマネジメントやミドルマネジメントは意思決定を行うわけですが，それを繰り返していく中で，それぞれの組織は業務の内容，役割に応じて，暗黙のルールや習慣を本能的につくり出していきます．そして，その暗黙のルールや習慣の集積が組織風土になるのです．そのため，多くの企業では，トップマネジメントやミドルマネジメントの大多数にとって都合のよいルールや規範はあっても，必ずしも完全な客観的合理性にもとづく価値判断が通用するとは限らなくなります．つまり，組織風土は暗黙のうちに個人の行動をしばっている面があるのです．アンゾフはこのような組織の革新への抵抗を考慮して，経営戦略の実行にあたっては，組織風土の革新を含む，絶えまない組織学習が必要であると考え，警句の意味で「戦略は組織に従う」と述べたのです．

13.2　組織文化とは？

　組織風土とよく似た言葉に，組織文化（Organizational Culture）あるいは企業文化（Corporate Culture）と呼ばれるものがあります．組織文化は，創業者あるいは強烈な個性を持ったカリスマ性の高い経営者が，経営哲学や理念を長年にわたって根付かせ，土壌のようにつくりあげていくものです．組織文化は遺伝子 DNA のように脈々と受け継がれ，社内の人たちだけでなく社外の人たちにもそれとわかるもの，そしてその会社の個性として社会が認知しているものと考えることができるでしょう．組織風土と組織文化を強いて区別するならば，組織風土が組織を取り巻くもろもろの環境や組織構成員の欲求・期待など，さまざまな要因が複合的に作用し，時間的経過の中で自ずと形成されてきた組織の全体的性格ないしは体質というべきものであるのに対して，組織文化は「価値と規範の体系」といわれるように，半ば意図的につくりあげられたものという違いを示すことができるかもしれません．

　組織文化や企業文化という言葉が重視されるようになってきたのは，1982

年にピーターズとウォーターマン（T. Peters & R. Waterman）の書いたベストセラー『エクセレント・カンパニー』がきっかけといわれています．彼らは，世界の優良企業43社に見られる共通項の分析を試みたのですが，戦略や組織構造，システムにとりたてて明快な特色は見出せませんでした．しかし，これらの企業に共通する特徴としては，①行動重視，②顧客との密着，③企業家精神の尊重，④人を通じた生産性向上，⑤価値観にもとづく実践，⑥基軸を離れない多角化，⑦簡素な組織と小さな本社，⑧緩急自在の同時コントロール，という8つの項目があることがわかりました．これらの特徴の大半が，組織に共有された思考や行動様式であることを示しています．つまり，永年にわたり財務的に優良な企業には，しっかりとメンバーに共有された組織文化が存在する，ということなのです．一般的に，組織に共有されている価値観や信念と定義される組織文化は，アンゾフの指摘どおり組織構造よりも変化しにくく，組織文化が環境の認識の枠組にも影響することから，文字どおり「戦略は組織に従う」ことになるのです．

13.3　松下電器産業と本田技研工業の交流研修

多摩大学の松浦敬紀教授の著書『社風の研究』に，たいへん興味深い事例が紹介されています．それは，松下電器産業と本田技研工業の間で，1973年10月に，一度だけ行われた交流研修のことです．本田技研工業の社員は大阪府枚方市の松下電器産業の教育訓練センターで，松下電器産業の社員は本田技研工業の鈴鹿製作所で，それぞれ相手企業の組織や人事，管理のやり方，作業工程，社員の考え方などを理解することを目的として研修を行いました．その時の逸話は，両社の組織文化の違いをはっきり表しています．

本田の11人が松下のセンターに入ったとき，一本の線が，ピンと張っているような雰囲気を覚えたといいます．ここでは本田とは異なり，食堂などが実によく整理整頓されており，使われた椅子もきちんとテーブルの下に入っていました．そして寮では深夜まで松下マンが勉強する姿が見られました．また，

朝，屋上に全員が集合して行う，国旗・社旗の掲揚，創業者松下幸之助氏の定めた綱領・信条や「7つの精神」の唱和，社歌の合唱と続く朝礼は，本田マンに強烈なインパクトを与えました．本田の社員は，彼らを「松下教の信者」だと思わずにはいられませんでした．朝礼に出席した本田マンには「自分でない自分がつくられるおそれを感じた」者もいたり，「気おくれした」り「いじけた気持ちを持った」りした者もいました．このような松下の規律の厳しさを見せつけられ，胃痛を覚えるメンバーも出てきました（私も何度か枚方のセンターには研修の講師としてお伺いしたことがあります．現在はここまで極端ではないようですが，よく整理整頓されているのは変わりませんし，講義の前後に「規律，礼」と声をかけられるのは，私も面食らいます）．

　一方，鈴鹿製作所に行った松下の社員10人も，逆の意味で驚いていました．松下と比べると，本田の社員は個性的ではあっても，あまりにもルーズに見えたからです．服装もばらばらで，ほとんどがノーネクタイであり，ジーンズにサンダル履きで出勤する者さえいました．仕事中にもよく話をするし，上から下まで勝手なことをいいます．いつ仕事がはじまったのか，さっぱりわかりません．しかし，工場のあちらこちらで真剣に論議し合い，とにかく何かというと食堂でコーヒーを飲みながら話そうというのです．よく見ていると，熱心に仕事に取り組んでおり，異様なまでの活気があり「わからない何かがある」と松下マンに確信させました．しばらくすると，松下マンも本田マンと同様，胃痛を覚えるメンバーが出てきました．ただし，その原因はまったく異なり，松下マンの胃痛は食堂でのコーヒーの飲みすぎが原因だったのです．

　胃痛の原因の違いのように，両社の間には異なる何かが存在します．それは両社の長い歴史の中で，社員に共有されてきた企業独自の「ものの見方・考え方」であり，社員の誰もが持つ共通の行動パターンであるといえるでしょう．それが組織文化とか企業文化と呼ばれるものです．

　ここで注意しなければならないことがあります．この事例だけを見ると，本田技研工業には個性的な人材が集まっており，松下電器産業には没個性的な人材が集まっているように見えます．しかしながら，日本の小学校から大学まで

の教育制度を考えれば，画一的な人材育成ばかりで，個性的な人材が多く育つとはとても思えません．両社を含めて日本の一部上場企業であれば，新入社員の段階では，おそらくどこの企業の新人も偏差値的な有意差など存在しないでしょう．つまり，同じような新入社員が入社しながら，その後の社内での「育ち方」に大きな違いがあり，結果として大きく異なる組織文化を形成しているのです．

　ところで，先ほど組織文化について，創業者などが経営哲学や理念を長年にわたって根付かせ，土壌のようにつくりあげていく，と書きました．本田技研工業の本田宗一郎，松下電器産業の松下幸之助の2人の創業者は，それぞれ強力なリーダーシップを発揮しています．本田宗一郎は常に最高の技術にチャレンジし，現場・現物・現実の「三現主義」を貫き，組織の階層を超えて誰とでも分け隔てなく論議し，知恵を出し合っていく「ワイガヤ」を定着させました．松下幸之助は，創業時の最初のヒット商品が「改良型」アタッチメントプラグであることからもわかるとおり，現在の顧客の不満やニーズを慎重に見極め，あらゆるところに目を配り，いたずらにリスクを負わず，いわゆる「二番手戦略」で，常に余裕を持って，安定した経営を実現してきました．その中で，「経営の神様」と呼ばれた松下幸之助を批判することは，まさに神への冒涜であったでしょう．このような「ものの見方・考え方」の違いは，両社の社員の行動パターンに大きな影響を与えているのです．

　ここで両社の創業者，松下幸之助と本田宗一郎の明文化された経営理念を見比べてみましょう．松下幸之助は1932年5月5日，全店員を大阪・中央電気倶楽部に招集し，松下電器産業の真の使命を明示しました．「産業人の使命は貧乏の克服である．そのためには物資の生産に次ぐ生産をもって，富を増大しなければならない．水道の水は，通行人がこれを飲んでもとがめられない．それは量が多く，価格があまりにも安いからである．産業人の使命も，水道の水のごとく，物資を安価無尽蔵たらしめ，楽土を建設することである」と，のちに「水道哲学」と呼ばれる有名な経営哲学を述べました．さらに，1951年の経営方針発表会では，「世界的な視野に立つ経営」という方針を発表しています．

一方，本田宗一郎は，1956年に本田技研工業の経営理念として「世界的視野に立ち，顧客の要請に応えて，性能の優れた廉価な製品を生産する」と述べています．この2人の言葉は，表面的には驚くほど似通っていることに気付きます．つまり，両社の創業者は，ほとんど同じような言葉で経営理念を熱く語り，また入社してくる社員も能力的に大差ないはずであるにもかかわらず，両社の組織文化には大きな違いが生じているのです．

このように，組織文化は暗黙のルールや習慣にもとづいており，社員の間でも知らず知らずのうちに刷り込まれ，共有されていく，不可視的な価値観を出発点としているのです．そのため，組織文化ないし企業文化というものは，必ずしもすべてを明文化できるものではありません．経営理念などを額に掲げたり，カードに印刷して配っている会社がありますが，大部分は単なるスローガンにすぎません．かつて評論家の嵐山光三郎は，著書『超道徳本当講座』の中で，経営理念や社訓の空虚さについて，「弱いヤクザの家ほど大げさな額を飾る」というたとえで説明しました．不祥事を起こす企業にも，必ず立派な経営理念や社訓があるものです．このように看板と中身とは違うことが多いのです．

13.4 機械的組織と有機的組織

バーンズとストーカー（T. Burns & G. M. Stalker）は，1961年の著書『The Management of Innovation』の中で，企業の組織形態について，機械的組織と有機的組織という両極端の理念的モデルを示しました．機械的組織とは，ウェーバー（M. Weber）のいう官僚制組織とほとんど同義と考えることができます．機械的組織は効率向上のために職務を高度に細分化し，統制の範囲は狭くして，管理者が部下の行動を細かく統制するために，仕事の進め方について詳細な手続きを作成して，それに従うことを要求します．ここでは職位にもとづく権威による管理が中心であり，情報伝達は組織のピラミッド型階層構造の垂直方向に伝わり，その主な内容は指示・命令となります．また，上司や組織への忠誠を求め，組織特有のローカルな知識を重視する傾向にあります．

これに対して有機的組織とは，柔軟性に富み，弾力的な職務，権限および責任の関係を持つ組織です．ここでは専門的知識にもとづく専門的パワーに従って，意思決定権限が委譲され，情報伝達はネットワーク型で水平方向に伝わり，その主な内容はサービス情報や助言となります．また，仕事や技術への忠誠を求め，コスモポリタンな知識を重視する傾向にあります．前記の事例から松下電器産業と本田技研工業を比べると，どちらかというと松下電器産業のほうが機械的組織に寄っており，本田技研工業のほうが有機的組織に近いといえるでしょう．

両者を比較すると，環境が安定的な場合には，機械的組織が適しているのに対して，環境が不安定で変化に富む場合には，有機的組織のほうが適しているといわれます．安定的条件のもとでは，トップの号令に従い，全社一丸となって目的達成のために邁進する機械的組織のほうが，高い業績をあげるわけです．しかし，このような組織では権限がトップに集中するため，例外的問題の処理は，現場から遠く離れた組織上層部に委ねることになり，意思決定上の遅延を生じがちです．トップも日常的な管理問題に忙殺されて，戦略的な問題に必ずしも十分な注意を払えなくなります．一方，環境変化が激しいときには，個人個人の職務範囲を柔軟に広げ，統制の範囲も同様に広くして自律性を高めなければ，変化に即応できません．そのため，有機的組織のほうが適しているわけです．

問題となるのは，環境が安定的な状態から不安定な状態に変化した場合に，機械的組織を有機的組織にスムーズに移行させることができるか，という点にあります．実際にはバーンズとストーカーは，多くの企業において機械的組織が強固であることを発見しています．機械的組織と有機的組織の差は，メンバーの組織に対するコミットメントの強さに，大きく影響を及ぼすからです．企業組織は，単なるマネジメントシステムではありません．組織は，そこで社員が個人として出世を求め，競争する場であり，また集団や部門の一員として，経営資源や職能，報酬を求めて他の集団と覇権を争う場でもあります．これらの権力闘争が，機械的組織から有機的組織への変革を制約しているわけです．

13.5 アサヒビールの組織革新

　今日のように，経営環境が不安定な時代には，戦略と組織の革新が必要となることは改めて説明するまでもありません．しかし，理屈のうえではわかっていても，実際に革新を実現するには，大きな困難が立ちはだかります．組織風土や組織文化の一新が必要となるからです．ここでは，革新の数少ない成功例としてたびたび取り上げられる，アサヒビールの事例をもとに，戦略と組織の革新について考えてみましょう．

　アサヒビールは，戦前のガリバー企業の大日本麦酒が，1949年に集中排除法の適用を受けて東西分割された際に設立された会社です．そのため本社は東京ですが，支店や工場は西日本に偏在するというハンディキャップを負って出発してきました．分割時には36%もあったシェアは，その後どんどんと下がり続け，1980年代には10%を切るところまで落ち込み，下がる一方の「夕日ビール」と揶揄されていました．そのアサヒビールが，1988年に発売した「スーパードライ」の大成功とともに変身を遂げて，一躍「元気の出る会社」として日本中の注目を集めるようになったのは，みなさんもよくご存知のことでしょう．

　しかし，その成功物語も，ある日突然ヒット商品が生まれて，会社が変わったわけではありません．革新は一朝一夕に成し遂げられるものではなく，この陰には数年間にわたる地道な改革の努力の積重ねがあったのです．

　1982年に，メインバンクの住友銀行（現，三井住友銀行）から派遣されて，アサヒビールの社長に就任した村井勉は，同社の業績不振が社内の沈滞した諦めムードにあることに気付き，このような意識を根本から変えていくことを決意したのです（村井社長は，それ以前に自動車メーカーのマツダの副社長として再建に手腕を発揮し，のちにJR西日本の会長も務めます）．そこで，まず部長クラスを中心として論議を繰り返し，アサヒビールの経営理念と行動規範を策定しました．その課程で，役員と部長クラスが会社の現状と将来を真剣に考え，相互の意思統一を図ることになったのです．1983年には第1次長期経営計画を策定し，その中でTQCの導入と企業イメージの向上に注力しました．

アサヒの頭文字を取って AQC と名付けられた TQC 活動では，まず製造と営業のように利害の異なる部署の中間管理職を集めた合宿研修を何度も行うことで，互いの立場やものの考え方が理解できるようになっていきました．さらに各職場でも，サンサークルという小集団活動を展開し，草の根的な改善運動も進めました．

一方で，アサヒビールが 1984 年に独自に行ったビールメーカーの消費者イメージ調査では，「時流に乗れない」，「近代的な感じがしない」，「積極性に乏しい」，「宣伝広告がいまいち」，「新製品開発にあまり熱心でない」など印象の悪さが目立ち，「消費者から見て存在感の薄い企業」になっていました．消費者は，関連会社の三ツ矢サイダーの場合には，企業と製品ブランドを密接に関連させて意識していたのとは違って，アサヒビールの場合には，企業とビール・ブランドをあまり関連させて意識していなかったのです．そこで，新しい企業イメージである CI（コーポレート・アイデンティティ）の開発がはじまりました．

日本では，ビールが帝国海軍の軍需用から普及した関係で，長期保存のために熱処理を加え，苦みの利いたラガービールが「ビールの味」と戦前から思われてきました．1960 年代から生ビールが台頭してきたものの，「苦くて重い味」のキリンラガービールが，常にトップシェアを取ってきたのです．しかし，「昭和二世」世代では，肉食中心のかなりしつこい味の食事をする生活が一般化して，むしろビールに対しては，輸入ビールなどに見られるスッキリした「キレ」のよい味を求めるようになってきました．マーケティング部門は，市場調査を通じて味の変化への期待を実感し，それを製品開発に結びつけようとしましたが，生産・開発部門は，最初は従来の味や製法にこだわって反発しました．コクとキレは技術的には二律背反的なテーマだったからです．しかし，このような真剣な論争の中から合意が生まれ，「コクがあるのにキレがある」生ビールの開発が進んでいったのです．

このように，改革に向けてさまざまな努力が蓄積された中で，1986 年にまず「新アサヒ生ビール」（通称コクキレビール）が生まれ，生産後 20 日以上のビ

ール出荷停止と，3カ月以上滞留したビールの回収という「フレッシュローテーション」や，「百万人大試飲キャンペーン」などのマーケティング活動を行い，かなりの成果を収めることができました．

1986年には村井勉は会長に退き，新たに住友銀行から，次期社長として樋口廣太郎が送り込まれました．樋口社長の時代には，村井社長時代に培われた市場ニーズに即した商品開発体制，販売体制が十分に機能するようになっていたため，味覚調査でコクよりキレを重視する顧客層が多いことに合わせた，辛口の「スーパードライ」という開発コンセプトをまとめることができたのです．

アサヒビールは，「スーパードライ」の発売に合わせて，新しい CI にもとづいた新しいラベルを導入しました．一般に飲料業界では，「味」と「ラベル」を同時に変えるとシェアが落ちるというタブーがありました．かつてコカコーラが「ダイエット・コーク（日本名はコカコーラ・ライト）」の導入で大失敗して，慌てて元の味とラベルに戻した製品を「コカコーラ・クラシック」として発売したという経緯があったためです．しかし，その後の「スーパードライ」の快進撃は，これまでの日本のビールの歴史を塗り変えるほど革命的でした．ビールという典型的な成熟商品の中で，毎年30％程度の成長を遂げ，その結果，アサヒのシェアも続伸して，キリンと首位を争うようになったのです．

13.6 戦略と組織の革新プロセス

企業が戦略と組織の革新を進めていくのは非常に困難であり，数少ない成功例でもかなりの時間を要していることがわかりました．その厳しい条件のもとで，成功企業はどのようなプロセスを経て，革新を実現しているのでしょうか．革新のプロセスには，以下の3つの要素があるといわれます．

第 1 には，トップマネジメントが革新に対して強いコミットメントを持ち，リーダーシップを発揮して推進していくことです．第2には，ミドルマネジメントや一般社員層から出されるアイデアを取り上げ，大きく発展させていくことです．第3には，継続的な組織学習により，革新を一過性のものに終わらせ

ることなく，新たな経営資源として蓄積していくことです．これら3つの要素がすべて満たされて，大きな革新が実現されるのです．

　第1のトップマネジメントのコミットメントについて，アサヒビールの例を見ると，村井社長の行動には常に強いコミットメントのあったことに気付きます．社長に就任して最初に，社内の沈滞ムードの一掃を図り，経営理念や行動規範を策定し，社内のコミュニケーションの活性化を目指して行動しています．このように，トップマネジメントは革新の旗手として，先見性を持ち，大局的見地から全体を方向付けていくことが求められます．

　ただし，トップマネジメントだけでは組織が動かないのも事実です．ミドルマネジメントが変わらないと，実効性がないのです．私自身，30代前半に，会社の事業部の片隅に在籍していたころには，「この会社は，なんてつまらない意思決定ばかりやっているのだろう」と思っていました．ところが，あるきっかけから本社スタッフ部門に異動し，トップマネジメントの方々の考えに直接触れる機会を持ってみると，本社レベルでは実にさまざまなことを考え，将来に向けて一生懸命配慮をしていることがわかりました．しかし，そのトップマネジメントの情熱は，会社の階層構造を1段ずつ降りて伝達されていくに従って，1/2，1/4，1/8 と希釈されていくのです．階層構造の末端にいる一般社員から見て，「この会社」と思える認知範囲は，課長や部長など，日常的に接するミドルマネジメントまでです．ミドルマネジメントクラスまでトップと同様のコミットメントを持ち，革新の担い手となって，ようやく全社的な変化が現れてくるといえるでしょう．

　アサヒビールの場合も，ミドルクラスの部門横断的な活動が，組織活性化の大きな原動力となっています．ミドルマネジメントや一般社員層から出されるアイデアの中には，トップマネジメントの意図に従って生み出される改良的なものもあれば，ボトムアップによる突然変異的なものもあるでしょう．トップマネジメントが革新を熱く語れば，新しいことに挑戦しようという若手社員のさまざまなアイデアを誘発するはずです．

　また，組織学習には，①成功体験の規範化，②失敗体験の反省，③成功体験

の学習棄却，という3つのパターンがあります．このうち，成功体験の規範化や失敗体験の反省は，自ずと進められていくのですが，もっとも難しく，またもっとも必要とされるのが，成功体験の学習棄却なのです．組織の慣性から見れば，過去の栄光に彩られた成功体験を否定することには，痛みが伴います．

　スーパードライがヒット商品となり，「ドライ旋風」を巻き起こしていたころ，永年にわたりラガービールでトップシェアを得てきたキリンは，「ドライはまがいもの，消費者は必ず本物の味，ラガーに戻ってくる」と判断していたように思われます．成功体験が，顧客の嗜好の変化を見る目を閉ざしていたことになるのです．しかし，そのアサヒも発泡酒の導入では最後発となりました．おそらくは「発泡酒はまがいもの，消費者は必ず本物の味，生ビールに戻ってくる」と判断していた部分があるのではないでしょうか．

　以上のように考えてくると，具体的な経営戦略というものは，ある種「使い捨て」の部分があります．戦略が有効に機能し，企業が高業績をあげるためには，その戦略が競争相手の予想もしなかったものである必要があります．1つの企業が特定の戦略を採用し，成功を収めたとすると，その戦略はすでに競争相手にも広く知れわたるものとなっており，陳腐化します．2度目に実行しようとすると，競争相手からすぐに対抗行動を取られ，有効なものとはなり得ません．にもかかわらず，成功体験に固執して，失敗を繰り返す経営者が少なくないのです．高業績を維持するためには，次々と競争相手の予想もしなかった，新鮮な戦略を繰り出し続ける必要があります．これこそが学習棄却の本質といえます．

13.7　革新は辺境から起きる

　第2章でも解説したように，ドラッカー（P. F. Drucker）は，マーケティングとイノベーション（革新）がマネジメントの2つの本質的な機能であると述べています．しかし，その革新は経営資源に富んだリーダー企業から起きるとは限りません．

前記の例を見ても，永年にわたり大きなシェアを誇り，業界をリードしてきたキリンであれば，製品開発にも宣伝広告にも十分な予算を投入できたはずですが，革命的な新製品は業界3番手で，今にも4番手に転落しそうだったアサヒから生まれてきました．およそ本流と呼ばれるものは，それが本流であるがゆえに保守化・陳腐化して，「苦くて重い味」というマンネリズムの袋小路に迷い込んでしまうのです．それを打ち破り，新たな地平を切り開けるのは，それまで異端・邪道・傍流と呼ばれていた辺境からなのです．「スーパードライ」というビールにあえて「辛口」という形容をつけたのは，おそらく日本酒のメタファーなのでしょう．ビール業界にあえて異端なものを導入し，価値観を一新しようとした決意の表れではないかと思います．

　「革新は辺境から起きる」という格言どおり，ビールの革新は辺境から起きました．しかし，そのアサヒの「スーパードライ」も十数年を経て，すっかり本流商品になっています．次なる革新はさらに意外なところから生まれてくるのかもしれません．

　経営戦略論とは，まさに意外性を科学することなのです．

【演習問題】

① チャンドラーが「組織は戦略に従う」と述べ，アンゾフが「戦略は組織に従う」と述べている違いはどこにあるのかを説明しなさい．

② バーンズとストーカーのいう機械的組織と有機的組織の特徴の違いをまとめなさい．

③ 革新のプロセスの3つの要素とはどのようなことか論じなさい．

あ と が き

　最初に述べたように，本書は『クオリティマネジメント』誌に連載した記事をまとめて1冊の本にしたものです．今回単行本化にあたって，改めて全体を読み返して気付いたことがあります．最初の雑誌連載の企画が大学での講義をそのまま誌上に再現しようということであったために，本書でも普段授業でしゃべっている言葉が，ほとんどそのまま文章になっているのです．今後，「先生の授業は教科書の棒読み」といわれないようにするのは，なかなか大変そうです．これを上回る新鮮な話題を授業で提供しなければなりません．

　振り返ってみますと，私はこれまで師と仰ぐ多くの方との幸運な出会いに恵まれ，それが本書に凝縮されているように思えます．

　ソニー㈱に入社して，商品企画や事業計画を担当するようになった時の事業部長が，現在の出井伸之代表取締役会長でした．その後も出井さん（ソニー㈱では，相手がどれほど偉い上司であっても「さん」付けで呼びます）の下でいくつかの事業部を経験し，本社スタッフ部門への道筋をつくっていただきましたが，私のような不良社員がソニー㈱で20年も勤務できたのは，ひとえに「出井さんの経営を間近でもっと見ていたい」という思いからです．

　また，会社勤めの傍ら通った大学院で，経営戦略論や組織論の面白さを教えていただいたのは，早稲田大学アジア太平洋研究センター教授の寺本義也先生と，横浜市立大学副学長の柴田悟一先生でした．

　そして，現在勤務する東京経済大学へ転職するきっかけをつくっていただいたのは，「推薦のことば」を頂戴した土屋守章先生でした．本書の内容構成が，私の担当する「経営戦略論」と「基礎経営学」の授業でこれまで使ってきた2冊の教科書，柴田悟一・中橋國蔵編著『経営管理の理論と実際』と土屋守章著『現代経営学入門』を足して2で割ったようになってしまったのも，このよう

な背景のなせる技です．

　ここで改めて，敬愛する4人の師に心から感謝したいと存じます．

　また，雑誌連載中には毎月原稿がぎりぎりまで遅れたにもかかわらず，常に臨機応変に対応していただいた㈶日本科学技術連盟・企画広報室の平本サチコ氏，単行本化に際してさまざまなアドバイスをいただいた㈱日科技連出版社出版部の戸羽節文氏にも深く感謝致します．

　最後に，わがままな夫や父親であるにもかかわらず，日頃から優しい笑顔で見守ってくれる妻，道子と，「創造と革新」から一文字ずつ取って名前をつけた二人の息子，創と新にもこの場を借りてささやかなお礼を述べたいと思います．いつもどうもありがとう．

2004年2月

　　　　　　　　　　　　　　　　　　　　　　　柴　田　　　高

参 考 文 献

1) D.A. アーカー・G.S. デイ，石井淳蔵・野中郁次郎（訳）:『マーケティング・リサーチ』，白桃書房，1981年.
2) D.A. アーカー，陶山計介（訳）:『ブランド優位の戦略』，ダイヤモンド社，1997年.
3) 浅羽茂:『競争と協力の戦略』，有斐閣，1995年.
4) H.I. アンゾフ，広田寿亮（訳）:『企業戦略論』，産業能率短期大学出版部，1969年.
5) H.I. アンゾフ，中村元一（訳）:『戦略経営論』，産能大学出版部，1980年.
6) 石井淳蔵・奥村昭博・加護野忠男・野中郁次郎:『経営戦略論（新版）』，有斐閣，1996年.
7) 石山順也:『アサヒビールの挑戦』，日本能率協会，1987年.
8) 伊丹敬之:『日本のVTR産業――なぜ世界を制覇できたのか』，NTT出版，1990年.
9) 伊丹敬之:『経営戦略の論理』，日本経済新聞社，1980年.
10) 伊丹敬之・加護野忠男:『ゼミナール経営学入門（第2版）』，日本経済新聞社，1993年.
11) D.F. エーベル，石井淳蔵（訳）:『事業の定義』，千倉書房，1984年.
12) D.F. エイベル・J.S. ハモンド:『戦略市場計画』，ダイヤモンド社，1982年.
13) 大河内暁男:『経営構想力』，東京大学出版会，1979年.
14) 大滝精一・金井一頼・山田英夫・岩田智:『経営戦略』，有斐閣，1997年.
15) 岡本康雄・若杉敬明:『技術革新と企業行動』，東京大学出版会，1985年.
16) 奥村昭博:『経営戦略』，日本経済新聞社（日経文庫），1989年.
17) 加護野忠男:『「競争優位」のシステム』，PHP新書，1999年.
18) Gilmore, F. & Brandenburg, R.G.: "Anatomy of Corporate planning", *Harvard Business Review*, Vol.40, No.6, 1962.
19) C. フォン・クラウゼヴィッツ，篠田英雄（訳）:『戦争論（上中下）』，岩波書店，1983年.
20) 国領二郎　http://venture.jasmec.go.jp/bpss/training/step1/cnt01.html#03-01
21) P. コトラー，村田昭治（監修），三村優美子，他（訳）:『マーケティングマネジメント』，プレジデント社，1983年.
22) P. コトラー，恩藏直人（訳）:『コトラーのマーケティング・マネジメント・ミレニアム版』，ピアソン・エデュケーション，2001年.
23) J.C. コリンズ・J.I. ポラス，山岡洋一（訳）:『ビジョナリー・カンパニー』，日経BP社，1995年.
24) H. サイモン，松田武彦・高柳暁・二村敏子（訳）:『経営行動』，ダイヤモンド社，1965年.
25) 榊原清則:『企業ドメインの戦略論』，中央公論社（中公新書），1992年.
26) 柴田悟一・中橋國蔵:『経営管理の理論と実際（新版）』，東京経済情報出版，2003年.
27) 嶋口充輝:『統合マーケティング』，日本経済新聞社，1986年.

28) 下川浩一:『フォード』, 東洋経済新聞社, 1972年.
29) 新宅純二郎・許斐義信・柴田高:『デファクト・スタンダードの本質』, 有斐閣, 2000年.
30) 新宅純二郎:『日本企業の競争戦略』, 有斐閣, 1994年.
31) G. ストーク・T. M. ハウト, 中辻萬治・川口恵一 (訳):『タイムベース競争戦略』, ダイヤモンド社, 1993年.
32) A. スミス, 大河内一男 (監訳):『国富論Ⅰ』, 中央公論社, 中公文庫, 1978年.
33) A. スローン, 田中融二・狩野貞子・石川博友 (訳):『GMとともに』, ダイヤモンド社, 1967年.
34) P. センゲ, 柴田昌治 (訳):『学習する組織「5つの能力」』, 日本経済新聞社, 2003年.
35) C. E. ソレンセン:『フォード』, 産業能率短期大学出版部, 1968年.
36) 田岡信夫:『ランチェスター戦略入門』, ビジネス社, 1972年.
37) 竹内弘高・榊原清則・奥村昭博:『企業の自己革新』, 中央公論社, 1986年.
38) A. D. チャンドラー Jr., 三菱経済研究所 (訳):『経営戦略と組織』, 実業の日本社, 1967年.
39) 土屋守章:『現代経営学入門』, 新世社, 1994年.
40) P. F. ドラッカー, 上田惇生 (訳):『新訳 現代の経営』, ダイヤモンド社, 1996年.
41) F. Bass : "A New Product Growth for Model Consumer Durables", *Management Science*, Vol.15, No.5, pp.215-227, 1969.
42) T. Burns and G.M. Stalker : *The Management of Innovation*, Tavistock Publication, 1961.
43) T. ピーターズ, 平野勇夫 (訳):『トム・ピーターズの経営破壊』, TBSブリタニカ, 1994年.
44) T. ピーターズ・R. ウォーターマン, 大前研一 (訳):『エクセレント・カンパニー』, 講談社, 1983年.
45) 藤野直明:『サプライチェーン経営入門』, 日本経済新聞社, 1999年.
46) C. K. プラハラド・G. ハメル, 一條和生 (訳):『コア・コンピタンス経営』, 日本経済新聞社, 1995年.
47) B. D. ヘンダーソン, 土岐坤 (訳):『戦略経営の核心』, ダイヤモンド社, 1981年.
48) M・E・ポーター (著), 土岐坤, 中辻萬治, 服部照夫 (訳):『[新訂] 競争の戦略』, ダイヤモンド社, 1995年.
49) M・E・ポーター (著), 土岐坤, 中辻萬治, 小野寺武夫 (訳):『競争優位の戦略』, ダイヤモンド社, 1985年.
50) J. マーチ・H. サイモン, 土屋守章 (訳):『オーガニゼーションズ』, ダイヤモンド社, 1980年.
51) 松井道夫:『おやんなさいよでもつまんないよ』, 日本短波放送, 2001年.
52) 松浦敬紀:『社風の研究』, PHP研究所, 1983年.

53) Mintzberg, H : "The Strategy Concept Ⅰ: Five P's for Strategy", *California Management Review*, Fall 30, pp.11-24, 1987.
54) 山田英夫:『競争優位の規格戦略』, ダイヤモンド社, 1993 年.
55) 山田英夫:『逆転の競争戦略』, 生産性出版, 1995 年.
56) 吉原秀樹・佐久間昭光・伊丹敬之・加護野忠男:『日本企業の多角化戦略』, 日本経済新聞社, 1981 年.
57) T. P. Wright :"Factors Affecting the Cost of Airplanes", *Journal of Aeronautical Science*, Vol. 4, No. 4, pp. 122-128, 1936.
58) R. ルメルト, 鳥羽欽一郎 (訳):『多角化戦略と経済成果』, 東洋経済新報社, 1977 年.
59) R. レイシー, 小菅正夫 (訳):『フォード (上巻)』, 新潮文庫, 1989 年.
60) T. レビット, 土岐坤 (訳):『マーケティングの革新』, ダイヤモンド社, 1983 年.
61) E. M. ロジャース, 青池慎一・宇野善康 (訳):『イノベーション普及学』, 産能大学出版部, 1990 年.

索　引

［あ行］

IBM	31, 32, 93, 94, 95, 146
アーカー	65, 68
アサヒビール	157, 158, 159, 160
アンゾフ	4, 5, 6, 8, 15, 21, 32, 34, 39, 40, 117, 118, 121, 122, 123, 149, 150, 151, 152
伊丹敬之	108
移動組立生産方式	45
移動障壁	54
イノベーション	1, 16, 64, 65, 161
ウェーバー	105, 155
ウォーターマン	32, 152
売り手の交渉力	51
S字型曲線	66
エーベル	34
MBA	7, 134
奥村昭博	105
オープンアーキテクチャポリシー	94

［か行］

買い手の交渉力	51
外部環境	39, 50, 104
学習棄却	48, 161
革新	1, 16, 24, 149, 151, 157, 159, 161
——的採用者	67, 97
加護野忠男	22, 77
価値連鎖	83, 84
金のなる木	133, 134, 135, 145
カルテル	138
環境適応	44, 46, 48
環境適合	43, 44
カンパニー	147, 148
——制	147
官僚制の逆機能	106
関連型	125
関連多角化	19, 119, 120, 121, 123, 145, 146, 149
機会	39, 50, 103, 104
機械的組織	155, 156
企業戦略	14, 18, 19, 28, 117
企業ドメイン	26, 28, 35
企業文化	109, 151, 153, 155
技術革新	16, 42
規模の経済	42, 54, 55, 56, 78, 80, 122, 129
キヤノン	27, 28, 99, 100, 109, 110, 111, 112, 113, 114, 115, 122
脅威	39, 49, 50, 51, 103, 104
競争戦略	17, 18
競争地位	42, 89, 92, 121
競争ドメイン	26, 28
競争優位	1, 17, 18, 39, 40, 42, 47, 77, 82
クラウゼヴィッツ	1
経営環境	21
経営資源	14, 19, 21, 37, 38, 40, 42, 47, 54, 55, 58, 73, 105, 106, 108, 117, 119, 120, 121, 123, 129, 144, 156, 160
経営理念	23, 24, 25, 154, 155
経験曲線	55, 56, 57, 59, 60, 89, 131, 132
経路依存性	105, 107, 115

コア・コンピタンス	9, 40, 103, 109, 110, 115, 116	社内ベンチャー	93, 146, 147
後期多数採用者	67	収穫逓増	102
「構造－行動－成果」パラダイム	52, 104	集中戦略	18
		集約型	125
顧客	17, 34, 65, 70, 73, 83, 141, 161	初期少数採用者	67, 97
コストリーダーシップ戦略	18	職能別戦略	14, 19
コトラー	17, 58, 65, 68, 71	職能別組織	19, 138, 139, 140, 143, 144, 146, 149
コーポレート	147	──構造	12
──・アイデンティティ	29, 158	垂直型	125
コリンズ	25	垂直統合	138, 140
コングロマリット	126, 127, 144, 145	水道哲学	154
		SWOT分析	39, 42, 103
[さ行]		ステークホルダー	9
		ストーカー	155, 156
サイモン	107, 150	スミス	12, 139
採用遅延者	67	スローン	47, 70, 71, 98, 140, 141
榊原清則	31	成長－シェア・マトリクス	133
サプライチェーン	85, 86	──法	129
──マネジメント	80	成長ベクトル	5, 118
差別化戦略	18	製品開発戦略	119
参入障壁	49, 51, 54	製品別事業部制組織構造	12
CI	158, 159	製品ライフサイクル	12, 61, 62, 63, 65, 76, 118, 131, 132
事業戦略	14, 16, 18, 19, 28, 61, 63, 117	制約された合理性	108, 150
事業ドメイン	26, 28, 29, 35	セグメンテーション	65, 68, 69, 71, 72, 73, 136
事業部制	141, 142, 143, 144, 146, 147, 149	世帯普及率	140
──組織	19, 145	ゼネラル・エレクトリック	138
事業部別	144	ゼネラル・モーターズ	46, 60, 70, 71, 98, 140, 141, 142, , 144
市場開発戦略	119	前期多数採用者	67
市場細分化	68	専業型	124
市場浸透	119	戦術	1, 2, 4
市場成長率	6, 132, 133	戦略グループ	53, 54
シナジー	5, 21, 121, 122, 124, 127, 145	戦略事業単位	130, 133, 134, 136
嶋口充輝	58		

相対的マーケット・シェア	6, 132, 133		トヨタ	11, 13, 18, 60, 76, 82, 104, 124
組織学習	48, 147, 151, 159, 160		トラスト	138, 140, 143
組織構造	149, 150, 152		ドラッカー	16, 17, 129, 144, 161
組織能力	109			
組織風土	149, 151, 157		**[な行]**	
組織文化	108, 151, 152, 153, 154, 155, 157		日産	13, 76, 104
ソニー	11, 13, 24, 91, 95, 101, 109		ニッチャー	58, 59, 92
			二番手戦略	154
[た行]			日本電気	15, 27, 33, 95, 124
			ネットワーク	97
代替品	50		——外部性	97
多角化	14, 15, 16, 18, 33, 34, 118, 119, 120, 122, 127, 133, 134, 143, 144		能力	108
——企業	28		——プロファイル	39, 40, 41
——戦略	14, 21		野中郁次郎	1
ターゲット・カスタマ	73, 74, 78			
タスクフォース	114		**[は行]**	
地域戦略	14		花形	133, 134, 135, 136, 145
チャレンジャー	58, 59		ハメル	9, 40, 109, 110
チャンドラー	4, 5, 6, 15, 117, 137, 139, 149		パラダイム	7, 48, 52, 95
			範囲の経済	120
土屋守章	137		バーンズ	155, 156
強み	17, 39, 40, 41, 42, 47, 103, 104		非関連型	126
T型フォード	45, 46, 60, 64, 69, 70, 139, 140		非関連多角化	18, 119, 120, 121, 123, 134, 145, 146, 150
適合	137, 149, 150		ビジネスシステム	77, 78, 79
テクノクラート	134		ビジネススクール	6, 7, 129, 134
デファクト・スタンダード	90, 91, 95, 96, 97		ビジネスモデル	35, 75, 79, 80, 86
			——特許	81
デュポン	142, 143, 144, 146		ビジョナリー・カンパニー	25
トップマネジメント	11, 12, 13, 19, 22, 105, 106, 107, 114, 115, 122, 134, 141, 142, 143, 147, 150, 151, 159, 160		ビジョン	9, 21, 24, 25, 108, 111
			ピーターズ	25, 32, 152
			PPM	6, 7, 129, 135, 145
ドメイン	23, 25, 26, 27, 29, 30, 31, 32, 33, 34, 35, 115		フォード	44, 45, 46, 48, 60, 69, 70, 71, 80, 140

フォロワー	58, 59, 92	マーケティング	16, 17, 19, 30, 61, 69, 72, 74, 85, 86, 120, 158, 161
普及率	60	松浦敬紀	152
部門化	12	松下電器産業	11, 13, 24, 144, 152, 153, 154, 156
プラハラド	9, 40, 109, 110		
フルライン	70, 71, 73	ミンツバーグ	8
プロセス型戦略	8	持株会社	144, 145, 146, 147, 150
――論	107, 108	問題児	133, 134, 135, 145
プロダクト・ポートフォリオ・マネジメント	6, 15, 129, 130, 133, 134, 136, 144		

[や行]

有機的組織	155, 156
吉原英樹	124
弱み	17, 39, 40, 42, 47, 103, 104

プロダクト・ライフサイクル	34		
分業	11, 12, 138, 139		
分析型戦略	106		
――論	105, 106, 107, 109		
平均費用	54, 55		
兵站	1		
辺境	162		

[ら行]

ランチェスター	2, 3
リスク	48
リソース・ベースド・ビュー	9, 40, 103, 104, 105
リーダー	58, 59, 90, 138, 161
ルメルト	123, 124, 127
レビット	30, 31, 32
連鎖型	125
ロジスティック曲線	66, 68
ロジャース	65, 67, 97
ロックイン現象	91

ボストン・コンサルティング・グループ	6, 15, 55, 129, 131
ポーター	7, 8, 18, 33, 40, 49, 53, 82, 83, 84, 103
ポラス	25
本業中心型	125
本田技研工業	11, 13, 25, 109, 152, 153, 154, 155, 156

[ま行]

負け犬	133, 134, 135, 136, 145
マーケット・シェア	57, 58, 77, 131
マーケット・ポジショニング・ビュー	7, 8, 40, 52, 103, 104, 105, 106

[わ行]

ワイガヤ	154

著者紹介

柴 田　　高（しばた　たかし）

1953年　生まれ
1976年　東京大学工学部精密機械工学科　工学士
1978年　東京工業大学大学院総合理工学研究科修士課程　工学修士
1991年　筑波大学大学院経営・政策科学研究科修士課程　経営学修士
1995年　横浜市立大学大学院経営学研究科博士課程単位取得
1978年～1998年　ソニー㈱勤務
現　在　東京経済大学 経営学部 教授

著　書　『戦略を創る』(共著，同文館)，『デファクト・スタンダードの本質』
　　　　（共著，有斐閣），他

経営戦略入門講座

2004年 3月24日　第 1 刷発行
2011年 2月 7日　第 4 刷発行

　　　　　　　　　　　　　著　者　柴　田　　　高
　　　　　　　　　　　　　発行人　田　中　　　健

　　検　印　　　　発行所　株式会社 日科技連出版社
　　省　略　　　　〒151-0051　東京都渋谷区千駄ケ谷5-4-2
　　　　　　　　　　　電話　出版 03-5379-1244
　　　　　　　　　　　　　　営業 03-5379-1238～9
　　　　　　　　　　　振替口座　東京 00170-1-7309

Printed in Japan　　　　　印刷・製本　壮光舎印刷㈱

© Takashi Shibata 2004
ISBN978-4-8171-9124-3
URL　http://www.juse-p.co.jp/